明日が変わる座右の言葉全書

話題の達人倶楽部［編］

AN ENCYCLOPEDIA OF SAYINGS TO LIVE BY

青春出版社

はじめに

言葉の力はあなどれない。

悩んだり、迷ったりと人生のトンネルに立ちいったとき、たまたま出会った書物の一節や、自分の周囲にいる人のふとしたひと言が、闇を照らす一筋の光になる。人生の針路を決めるかけがえのないひと言になる。

それは、今の自分を揺さぶる厳しいひと言かもしれないし、自分の中の常識とは正反対のモノの考え方かもしれない。

しかし、いずれにしても、心の奥底に届いたそのひと言は、悩みの殻をこじ開ける突破口となるだろう。

本書は、そうした〝言葉の力〟が宿っている名言を、平易な解説とともに案内するものである。いずれも、迷いが消え、自信をつくり、運を引き寄せてくれる珠玉の名言ばかりだ。

使い方は自由自在。たとえば、

①どの言葉に惹かれるかによって、現在の自分の心の状態を確認できる。
②落ち込んだとき、元気になる。迷ったとき、決断できる。ここ一番で力が出る。
③日常会話の中にさりげなく使うことで、教養をチラリと見せることができる。
④あいさつやスピーチに盛り込めば〝奥行き〟のある話になる。

古今東西の「いい言葉」から導き出された普遍の人生法則とは何か？　心が折れそうになったとき、逆境やピンチに陥ったとき、仕事が行き詰まって将来に一抹の不安がよぎったときに開いてみてほしい。
あなたの明日も、今日とは違うものになるはずである。

２０１３年８月

話題の達人倶楽部

明日が変わる座右の言葉全書◆目次

制作▼新井イッセー事務所
DTP▼ハッシィ

※本文中に登場する人物の敬称は略させていただきました。

1 自信をつける

井戸を掘るなら水の湧くまで掘れ

――石川理紀之助（秋田の篤農家）

人を動かして説得しようとする者は、まず己が感動し、己を説得しなければならない

――トーマス・カーライル（イギリスの評論家）

誰かを説得するときに口先だけで相手を言いくるめようとするとたいてい失敗する。その理由は単純明快で、説得力に欠けるからだ。イギリスの評論家いわく、人を動かしたいなら「まず自分から」である。自らが感動し、それを人に伝えたいと強く思わなければ、相手を納得させることなどできないのだ。

人々の五分の一は、どんな提案にも必ず反対するものだ

――ロバート・F・ケネディ（アメリカ合衆国元司法長官）

元司法長官という立場にいたロバート・F・ケネディが発したこの言葉の通り、大勢で何かを決定する場合、反対者の存在は避けて通れない。そのときに提案者としてはどうするべきか。反対意見に耳を傾けつつも、ビジネスの現場では、押し切らなければいけないときもある。反対されることを気に病んだり、自分の軸がブレそうなときは、便宜的に「どんな提案にも必ず反対する」人がいると考えると腹も据わるだろう。

二つ矢を持つことなかれ。後の矢を頼みて初の矢になおざりの心あり

――吉田兼好『徒然草』（歌人・随筆家）

「つれづれなるままに」から始まる『徒然草』の一節。二つの矢を持ってはいけない、あと一本あると思うと一本目に集中しきれない、ということである。背水の陣で臨んで一回で的を射抜く。集中しているからこそ、決めるべきときに一発で決められるのだ。

問題が大きければ大きいほど、チャンスも大きい。大して問題でないものを解決しても、誰もカネを払ってはくれない

——ビノッド・コースラ（サン・マイクロシステムズ共同設立者）

投資の経験がある人ならばハイリスク・ハイリターンという言葉を肌で実感しているだろうが、このIT企業の設立者の発言はそれに近いニュアンスである。とてつもない困難が目の前に立ちはだかったときは勇気が必要だ。もちろん失敗のリスクを無視してはいけないが、これはチャンスだと切り替えられれば心は奮い立つ。自分で自分に暗示をかけてみよう。

自分が行動したことすべては取るに足らないことかもしれない。しかし、行動したというそのことが重要なのである

――マハトマ・ガンジー（政治家・思想家）

非暴力をスローガンに掲げたインド独立の父ガンジー。この言葉は自身の激動の人生の根幹にあるものだったのだろう。自分だけが行動したところで何も変わらないと思う人は多いかもしれないが、だからといって行動しないのは、結果的に問題意識すら持たない人と同じである。たとえ小さなアクションでも行動を起こすことに意味があるのだ。

悪条件で練習する方がいい。レースのときに大きな安心を得られるからだ

——エミール・ザトペック（元陸上競技選手・金メダリスト）

「どれだけの備えをしたかで結果が決まる」と言ったのは、元プロ野球監督の野村克也である。悪条件に備えていたからこそ、エミール・ザトペックは金メダルという勲章を手に入れることができた。あらゆる事態を想定して準備すること。それによって平常心を保つことができるのだ。

練習のプログラムを試合より数倍厳しくすれば、本番が物理的にも精神的にも楽になることを学んだ

――マルチナ・ナブラチロワ（元テニスプレーヤー）

「練習は本番のように、本番は練習のように」というフレーズは、スポーツや受験でよく耳にする。プレゼンなどでこのことを自分に言い聞かせるビジネスパーソンも少なくないだろう。実力通りの力を発揮するには、本番よりはるかに過酷なトレーニングが必要である。テニス界の元女王が発した言葉は、それを的確に表したものだ。

人生は10段変速の自転車のようなもの。自分が持っているものの大半は使っていない

――チャールズ・シュルツ（アメリカの漫画家）

スヌーピーでおなじみの『ピーナッツ』の作者の言葉である。誰でもポテンシャルは持っている。問題は、自分のそれを信じることができるかどうかだ。人生は平坦な道ばかりでなく、ときに悪路や急な上り坂、下り坂がある。自分が持っている可能性を信じられる人だけが、そのピンチをくぐり抜けることができる。

後悔とは、自分が自分に下した判決である

――メナンドロス『断片』（古代ギリシアの喜劇作家）

メナンドロスは古代ギリシアの喜劇作家で、作品の大半はこのように断片として残っているだけである。後悔は自分がとった行動に対する自己評価のひとつだが、落ち込んでいるだけでは意味がない。反省すべき点は反省し、そのうえで次につなげていく材料にしたい。

世界記録は私の名刺です

――エレーナ・イシンバエワ
（陸上競技選手・金メダリスト）

イシンバエワはロシア出身の棒高跳び界のクイーンである。このインパクトのある発言は自信の表れともとれるが、それに見合うだけの精進をしなくてはならないという彼女の覚悟でもある。

いわゆるお金儲けの上手な人は、無一文になったときでも、自分という財産をまだ持っている

――エミール・オーギュスト・シャルティエ（フランスの哲学者）

思わず「図太いな！」とつぶやきたくなる成功者は多い。リスクを負って挑戦する以上、大成功を収めることもあれば、無一文になることもあるだろう。どのような結果になったとしても、このようなタイプは最後まで自信を持ち続ける。自分という「財産」は目減りしないと最後まで信じているからだ。その自信が、心折れることなく再チャレンジする原動力にもなるのである。

量では断然見劣りしても、いくども考えぬいた知識であればその価値ははるかに高い

——ショーペンハウアー『読書について』(哲学者)

ドイツの哲学者ショウペンハウエルが読書について語った言葉だが、これは読書以外にも応用できる。何でも器用にやってのける、広く浅い知識を持っている人はたしかに重宝される。だが、これについてはこの人に聞けばわかるといわれるほどの卓越した技能にはかなわない。小さなことでも、これだけは誰にも負けないという自分ならではの強みを持ちたい。

できると思えば可能だ、
できないと思えば
不可能なのだ

——ヘンリー・フォード
（フォード・モーター創業者）

フォードは当時、高級品だった自動車を大衆のための乗り物にすると宣言して、それを実行に移した。まさに有言実行そのものである。不可能に見えることでも「できる」と自分に言い聞かせて公言すれば、道は自ずと開けるものなのだ。

一粒の麦、
地に落ちて死なずば、
唯一つにて在らん。
もし死なば、
多くの果を結ぶべし

――新約聖書「ヨハネによる福音書」

新約聖書の「ヨハネによる福音書」の一節。麦は地に落ちただけなら1粒だが、その実が死んで新たな芽を出せば多くの実がなるという意味。本来は自己犠牲を説く言葉。

生活とは、つまり習慣の織物である

――アンリ・フレデリック・アミエル
（スイスの哲学者）

スイスのジュネーブ大学で教鞭をとっていた哲学者の言葉。織り機にセットされたタテ糸が時間軸だとしたら、ヨコ糸は毎日繰り返されている日々の出来事だ。あなたの10年、20年後にはどんな色柄の布が織り上がっているだろうか。

機会が二度、君のドアをノックすると考えるな

――セバスチャン・シャンフォール
（フランスの詩人・劇作家）

考えすぎて、せっかく巡ってきたチャンスを逃してしまってはもったいない。結果は後からついてくるものだ。第26代アメリカ大統領のセオドア・ルーズベルトも「『確かにできる』と答えなさい。それから急いで、どうすればいいかを探しなさい」と、まずチャンスをつかむことを優先すべきだと説いている。

自分ひとりで石を持ち上げる気がなかったら、二人がかりでも石は持ち上がらない

――ゲーテ（ドイツの詩人・劇作家）

やる気のない人間が何人集まったところで戦力にならない。逆に強い意志や信念があれば、たとえひとりであってもとてつもない力を発揮できる。どんなに困難な状況にあっても、まずは他人に頼らずひとりでやり通す気概を忘れないようにしたい。

何のためにやるのかという意味がはっきりわかっていないと、そこにあるのは肉体だけだ

——18代目中村勘三郎（歌舞伎役者）

早世した稀代の歌舞伎役者のこの言葉は、もちろん芸事について触れたものであり、スポーツの世界でいえば「心技体」の重要性を説いた言葉だ。しかし役者やアスリートでなくとも、この言葉の意図は胸にとどめておきたい。目的意識がなければ、最良のパフォーマンスができないのは人生もビジネスも同じだからである。

フィードバックが凡人を一流にする

――ピーター・F・ドラッカー（経営学者）

スポーツ選手の試合後のインタビューを聞いていると、一流の選手ほど「今日うまくできなかったところは、次回までにしっかりと修正していきたい」と口にする。結果を踏まえてやり方を修正するというのは、一流になるための欠かせない作業なのだ。

常に一歩前進することを心がけよ。停止は退歩を意味する

——野村徳七（野村證券創業者）

□■————■□

どんなときでも歩みを止めるべからずという意味のこの言葉は、心が折れかかっているときにはひどく堪《こた》えるかもしれない。だが、まだあきらめたくないなら進むしかない。多くの挫折を繰り返したであろう、ある格闘家も「人は歩みを止め、闘いを忘れたときに老いていく」という言葉を残している。

自分が立っている所を
深く掘れ。
そこからきっと
泉が湧き出る

――高山樗牛（評論家）

31歳の若さで早世した高山樗牛《たかやまちょぎゅう》の言葉は、限られた人生の中でひとつのことに打ち込むことがいかに重要かを示してくれている。かの天才アインシュタインも「わたしは天才ではない。ただ人より長くひとつのこととつき合ってきただけだ」と、打ち込むことの重要性を説いている。

千日の稽古を鍛とし、万日の稽古を練とす

――宮本武蔵（剣術家）

誰も真似できない二刀流を習得するには、これだけの努力が必要なのだと思わず納得させられる剣豪宮本武蔵の言葉である。何事も一人前になるのには時間を要するものだ。焦りの気持ちが生まれたら思い出したい言葉だ。

□■

自信は成事の秘訣であるが、空想は敗事の源泉である。故に事業は心成を期し得るものを選び、いったん始めたならば百難にたわまず勇往邁進して、必ずこれを大成しなければならぬ

——岩崎弥太郎（三菱財閥創業者）

■□

岩崎弥太郎といえば、三菱財閥を創始した伝説的な実業家である。激動の幕末の中で稀な商才を発揮した人物ならではの言葉だ。「勇往邁進《ゆうおうまいしん》」とは、一度決めたら目的に向かってひたすら進むことを意味する。幕末とは違えど、けっして楽ではない現代を生きていく上でもこのくらいの強い意志を持つことが必要なのだろう。

事実がわかっていなくても前進することだ。やっている間に事実もわかってこよう

――ヘンリー・フォード(フォード・モーター創業者)

「石橋を叩いて渡る」タイプの人は、人生において大きな失敗はないだろう。だが、あちこち叩いているうちにライバルに先に行かれることもあるし、確認のし過ぎで石橋を叩き割ってしまうこともある。であれば、まずは一歩踏み出してみることだ。〝見切り発車〟がときには功を奏するのである。

何より大切なのは、セルフイメージだ

――トム・ホプキンス（著述家）

アメリカで〝営業マンのバイブル〟とまでいわれ、大ベストセラーとなった『営業の魔術』（日本経済新聞社）の著者である。セルフイメージとは自分が思い描く自分像のことだが、そこに何を描くかは生き方に大きな影響を与える。そうでありたいと願う理想的な自分をイメージしよう。

2 人間関係を育む

賢者とテーブルに向かい合っての1対1の会話は、10年にわたる読書、勉強にまさる

――ヘンリー・ワズワース・ロングフェロー（アメリカの詩人）

真理の矢を投げるなら、その先端を蜜に浸せ

——アラブのことば

他人の欠点や落ち度を指摘するのは難しいもの。そんなときに思い出したいのが「本当のことを伝えるときは、相手を傷つけないようにせよ」というアラブのこの言葉だ。たとえば「君は女を見る目がない」とズバリ言えば相手は打ちのめされてしまうが、「君は女性にやさしすぎるから心配だ」と言えば、それほどのダメージはない。何事もモノは言いよう。人に忠告するときは相手への思いやりを忘れないようにしたい。

多勢は勢をたのみ、少数は一つ心に動く

——徳川家康（江戸幕府初代将軍）

天下統一を成し遂げた徳川家康の金言は、言い換えるなら「集団が大きいと人任せにしたくなるが、集団が小さければ誰もが目的に向かって動く」という、集団心理をズバリ言い当てている。では、何事も少数精鋭がいいかといえば、そういうことではない。この言葉から学びたいのは、集団の大小にかかわらず個々が責任感を持つことが大事だということだ。

あら探しの好きな方、わがままな方、やっかいな質問をする方に申し上げます。ありがとうございます

——マイケル・デル（デルコンピュータ創業者・会長兼ＣＥＯ）

仕事でクレームをつけられたら誰でもいい気はしない。ましてや、こちらに落ち度がない場合や、普段なら気にも留めないことでケチをつけてくる相手ならなおさらである。しかし、デルコンピュータの創業者はこうしたクレームに対して礼をいう。もちろん、そこには会社や自社製品にとってプラスになる気づきが隠されているからだ。

弱い者は、許すということができない。許すことができるのは、強い者だけだ

——マハトマ・ガンジー（政治家・思想家）

「過ちは人の常、許すは神の業」という古い言葉がある。許すことはそれだけ難しいという意味だが、非暴力主義を掲げたガンジーもまた、許すためには精神的な強さが必要だと説いている。相手を許すためには、相手を恨んでいる自分をまず許さなくてはならない。つまり、いつまでも許せない相手がいたとしたら、それは自分をも許していない証拠なのである。

卑怯者は、安全なときだけ居丈高になる

——ゲーテ『タッソー』（詩人・劇作家）

詩人のゲーテが指摘する卑怯者の本質は、いつの世も変わらない。他人に矛先を向けるのなら、安全地帯から吼《ほ》えるのではなく、身を切る覚悟を持つことが条件だ。

無知な友ほど危険なものはない

——ジャン・ド・ラ・フォンテーヌ『寓話』（作家）

ちなみに、この言葉には「賢い敵のほうがまだましだ」という続きがある。無知な友より賢い敵のほうが、自分を高みに引き上げてくれるということだ。フランスの作家による至言である。

□■

うわさは即刻旅立つ。かほど速い悪は他に存在しない。すばやい動きでうわさは栄え、進むたびに力をつける。初めは不安ゆえに小さいが、やがてすっくと身を伸ばし、地上を闊歩し、頭を雲の中に隠すまでになる

■□

――ヴェルギリウス『アエネイス』(古代ローマの詩人)

古代ローマの詩人の言葉。遥か昔から噂話というのは人々の好むところであり、一方で悩みのタネだった。たしかに噂が広まるスピードは速い。その過程で噂の内容が変化し、最後には一人歩きするところも現代と同じだ。むろん、妙な噂話に巻き込まれても、振り回されずに毅然としているのが賢者のやり方である。

CEOという仕事は75パーセント近くが人間に関わることで、その他のことは25パーセントに過ぎない

――ジャック・ウェルチ（ゼネラル・エレクトリック元CEO）

ゼネラル・エレクトリック（GE）のCEOウェルチはワンマンで批判も多かったが、その経営手腕は誰もが認めるところだ。事業をうまく回していく際に人がいかに重要であるかは、他にも多くの優れた経営者が強調している。

広く好かれれば
好かれるほど、
深く好かれないものだ

――スタンダール（フランスの小説家）

誰とでもうまくつき合っていけるほうが、世の中は渡っていきやすいと考えがちだ。しかし、誰からも好かれる人物は、じつは誰からも好かれていないのと同じなのである。誰にでもいい顔をして本心を見せない八方美人相手に、心を許そうという気持ちは湧いてこない。本音でぶつかればケンカになることもあるが、そこから信頼関係も生まれてくるのである。

自分の能力を認められたいなら、人の能力を認めてやる必要がある

――ゲーテ『箴言と省察』（詩人・劇作家）

誰もが他人から認めてもらいたいという欲求がある。だが、一方的にそれを求めるのは虫がよすぎるというものだ。自分を認めてほしいなら、まずは相手を認めることから始めたい。

他人にあまり優しくすれば、見下されるだろう。あまり厳しくすれば、唾を吐きかけられるだろう

――『アヒカールの言葉』

人間関係をスムーズにするのはなかなか難しい。優しさや褒め言葉ばかりでは下に見られる場合も出てくるし、厳しさだけでは嫌われて終わりだ。無理に持ち上げるのでもなく、無意味に上に立とうとするのでもなく、あくまで人と人、フラットで堂々とした関係を築きたい。

ひとりで見る夢は、それは夢にしか過ぎない。しかし、みんなで見る夢は現実となる

――エドゥアルド・ガレアーノ（ウルグアイのジャーナリスト・作家）

くじけそうになったときや、心を奮い立たせたいときに思い出したい言葉だ。ひとりではできないことでも、仲間と力を合わせれば不可能も可能になる。たとえば、チームスポーツはスター選手だけでは勝つことができない。みんなの力を結集するからこそ勝利を呼び込めるのだ。もし、ひとりで対処するのが難しい出来事に出会ったら、一緒に夢を見てくれる仲間を探してみよう。

賢明に世渡りせよ。だが、世渡りの専門家にはなるな

——フランシス・クワールズ（イギリスの詩人）

社会で生き抜くためには、ときに世渡りのテクニックも必要だ。しかし、世渡り上手になることを第一義にしてしまうと、本来自分がなすべきことがわからなくなってしまう。渡世というものは、ほどほどがいいのである。

人はひとりであるとき いちばん強い！

——吉田絃二郎
（元早稲田大学教授・劇作家）

たったひとりというのは心細いが、その反面、自由でもある。だから、本当の自分の力を試してみたかったら、誰にも頼らず単独で行動してみることだ。この言葉を残した吉田絃二郎は、幼い頃に父親の事業の失敗から破産を経験し、多感な時期に家族から離れて暮らしながら学んだ苦労人だ。自分に弱さを感じたときに思い出し、前を向いて一歩踏み出したい。

人生の行路をかなり遠くまでたどってくると、以前は偶然の道連れにすぎぬと考えていた多くの人が、ふと気がつくと、実は誠実な友だったことがわかる

――ハンス・カロッサ（ドイツの小説家）

江戸いろはかるたの「縁は異なもの味なもの」とは、男女の出会いの面白さを表現したものだが、男女の関係に限らず人の縁は不思議なものだ。何となく言葉を交わした同級生や同僚など、たまたま出会った人がいつの間にか大切な人になっていったりする。人生の折り返し地点を過ぎた頃になると、それがますます実感できる。

住まいの在るところが故郷なのではない、理解してもらえるところこそ故郷なのだ

――クリスティアン・モルゲンシュテルン（ドイツの詩人）

社会人になってみて人生の厳しさに疲れ果てているという人も少なくないだろう。そんなときに行きたくなるのが、ほっと心落ち着ける場所だ。モルゲンシュテルンはそんな場所を「故郷」と呼んでいる。ある人にとっては実家かもしれないし、またある人にとっては多くの仲間がいる場所かもしれない。いずれにしても、そこに自分を理解してくれる人がいればまた明日もがんばろうという気持ちが湧いてくるものだ。

自分より身分の低い人に接する接し方に、人の偉大さは現れる

――トーマス・カーライル
（イギリスの評論家）

『武士道』の執筆で知られる新渡戸稲造も、大英帝国時代の代表的な言論人であるトーマス・カーライルから影響を受けている。自分より格上だと思うと慇懃《いんぎん》で丁寧な態度をとる一方で、自分より格下とみるやぞんざいな物言いや態度をとる人がいるが、その見苦しさは周囲の人は間違いなく気づいている。

人の小過を責めず、人の陰私を発かず、人の旧悪を念わず

——『菜根譚』

周囲と良好な人間関係を築いていくためには、まずは自分が周囲に対して思いやりを持たなくてはならない。中国の古典である『菜根譚《さいこんたん》』には、そのための3つの秘訣が記されている。それは、人の小さな過ちをいちいち責めない、人の秘密は暴かずにそっとしておく、人の過去の悪事を執念深く覚えていない、ということだ。

自然は人間に一枚の舌と二つの耳を与えた。だから人は話すことの二倍だけ聞かねばならない

——ゼノン（古代ギリシアの哲学者）

ゼノンの生きた紀元前から2000年以上経った現在でも、話すよりも聞くことの重要性は変わっていない。自己主張もいいが、相手の意見にしっかりと耳を傾けることで仕事も人間関係もうまくいく。ケネディ大統領の暗殺後、政権を引き継いだ第36代アメリカ大統領のリンドン・B・ジョンソンも「話しているあいだは何も学ばない」と言っている。

2週間だけ人の話に耳を傾ければ、2年間かけてみんなの気を引き、ようやく得た友達よりもたくさんの人と友達になれる

――デール・カーネギー（アメリカの実業家・作家）

対人コミュニケーションやスピーチのテクニックを学ぶトレーニングの開発者の言葉。誰かの心を開きたいなら、いかに自分が信頼に足る人物かを延々と語るより、まずは相手の話に真摯《しんし》に耳を傾けることだ。その人を尊重し理解しようとする態度こそが、どんなに多くの言葉よりも相手の信頼を勝ち取れる。

兵力に訴える前に、まず百種の温和策を試みよ

——ジェームズ・ケント（アメリカの法学者）

日常生活においても何でも力ずくで解決しようとする人がいるが、それでは報復が報復を呼ぶだけで根本的な解決はますます遠ざかる。どんなときも知恵を絞ることを忘れてはならない。

賢い人は聞き、愚か者は語る

――ソロモン（古代イスラエルの王）

本当に賢い人は自分の能力を人前でひけらかすように、べらべらと語ったりはしない。それどころか、学ぶ意欲を持って周囲の話によく耳を傾ける。賢い人の態度ほどあくまでも謙虚なのである。一方で、愚かな人は自分の知識が浅いことすら気づかない。そして、わずかな知識を自慢するために得意げに話し続けるのである。

軽率に朋友となるなかれ。すでに朋友たらば軽率に離るるなかれ

――ソロン（古代アテナイの政治家）

友とは得難く失いやすいものだ。初代アメリカ大統領のワシントンも「友情は成長の遅い植物である」と言っている。うわべだけでない本当の友情は簡単に手に入るものではない。時間をかけてじっくりと育てた関係こそが「朋友」なのである。

無知な人間を議論で負かすのは不可能である

——ウィリアム・G・マカドゥー（アメリカの政治家）

ハドソン川の海底を掘るという世界初のトンネル建設を成功させたマカドゥーだが、完成まではまさに受難の日々だった。協力を要請した技術者に拒否され、工事の途中で融資が取りやめられて一時、工事は完全にストップした。この言葉は、そんな苦難の中から得た教訓なのかもしれない。事の本質を理解していない相手と議論しても建設的な話し合いにはならない。議論が通用しない相手を負かす方法があるとすれば、「議論を避けることだ」と鉄鋼王のカーネギーも言っている。

言うべきときを知る人は、黙するときを知る

――アルキメデス（古代ギリシアの数学者）

人と会話をするときの要諦《ようてい》として、紀元前3世紀のギリシアの哲学者アルキメデスが言ったこの言葉ほど、その本質を突いているものはないだろう。無駄にしゃべりすぎず、無口すぎず、相手の話に耳を傾け、言うべきことをきちんと相手に伝える。それを心がければ、どんな人との関係も充実したものになるはずだ。

他人の利益を図らずして自ら栄えることはできない

――アンドリュー・カーネギー（アメリカの鉄鋼王）

自分が得することばかりを考えているとかえって損をすることがある。とりわけ、ビジネスではギブ・アンド・テイクの精神が必要な場面も多い。助け合うような関係にある相手が滅びれば自らも危うくなる。そう思えば、自らの利益だけを考えて動くようなことがかえって危険だということがわかるはずだ。

Aクラスの人は、Aクラスの人と一緒に仕事をしたがる。Bクラスの人は、Cクラスの人を採用したがる

――シリコンバレーの格言

自分と同等以上の実力の人と仕事をして自分を成長させたいと思うのが一流の人であるのに対し、自分より実力が劣る人と仕事をして優越感に浸りたがるのが二流の人。その後、どちらが成長するかは一目瞭然なのである。

私は経営を耳で学んだ。これこそ生きた経営学である。私は学問はないが「聞学」は習得した。これが何よりの武器なのである

——石橋信夫（大和ハウス工業創業者）

「賢い人は聞き、愚か者は語る」。これは前述のとおりイスラエル王国のソロモン王が語ったと伝えられるユダヤのことわざである。生きた知識を自分のモノにするには、他人から学ぶという姿勢を持ち続けること。それこそが、賢者となるための近道なのだ。

何を笑うかによって、その人柄がわかる

——マルセル・パニョル『笑いについて』（小説家）

笑うことができるのは生き物の中では人間だけである。チンパンジーやゴリラなどの霊長類も「笑う」といわれるが、嘲笑や自嘲のように、そこに何らかの心理的意図を含めることができるのはおそらく人間だけだろう。文字どおり、笑いについての書をしたためたマルセル・パニョルが言うには、笑いには人柄が表れるという。もちろんそこには知性や品格といった内面もにじみ出ることを胸にとどめておきたい。

きょう考えよ、あす語れ

――英米のことわざ

頭の中で思いついたことをそのまますぐ相手に伝えてはならない。何か言いたいことがあっても、熟考したあとにひと息入れる。冷静になって一度自分の考えを精査すれば、「やはり言うべきではない」という判断になることもあるだろう。言ってしまった後で後悔しないためのコツである。

あなたが生まれたとき、周りの人は笑ってあなたは泣いていた。だから、あなたが死ぬときは、あなたが笑って、周りの人が泣くような人生を送りなさい

――ネイティブアメリカンの言葉

生まれてから死ぬまで、人は他人との関わりの中で生きていくことしかできない。ネイティブアメリカンに伝わるこの古い言葉は、自分がよりよく生きるためには、他人との関係を大事に育むことが大事だというメッセージと受けとめたい。

黄金、学問、組織・機構、権力、数・理論、主義、モラルの奴隷になるな

――出光佐三（出光興産創業者）

出光の経営理念は「人間尊重」だというが、この言葉を掲げたのはほかでもない創業者の出光佐三だ。この理念には「人間そのものが尊い」という佐三の考え方がある。人は人生の中で学歴や権力などさまざまな価値観に出会うが、それらに振り回されるのは愚かだというわけだ。

自分の心の中で正しいと信じていることをすればよろしい。しても悪口を言われ、しなくても悪口を言われる。どちらにしても批判を逃れることはできない

――エレノア・ルーズベルト（アメリカ合衆国大統領夫人）

第32代アメリカ合衆国大統領フランクリン・ルーズベルトの妻として、そして人権活動家としても大きな功績を残したエレノアは、人種差別が根強いアメリカ社会を相手に勇気を持って戦った人だ。動いても動かなくても人からあれこれ言われるのなら、自分の信念にしたがって行動したほうが道は開ける。動かなければ後悔あるのみだ。

われわれを救ってくれるものは、友人の助けそのものというよりは、友人の助けがあるという確信である

――エピクロス（古代ギリシアの哲学者）

紀元前に生きたギリシアの哲学者の言葉である。たしかに苦悩しているときは、たとえ解決してくれなくとも、アドバイスをくれなくとも、寄り添ってくれる人がいるだけで救われるものだ。かのシェイクスピアも「人々は悲しみを分かち合ってくれる友達さえいれば、悲しみを和らげられる」という言葉を残している。

すべての人間は、他人の中に鏡を持っている

――ショーペンハウアー（哲学者）

世の中には妙にウマが合う人もいれば、どうしても苦手な人もいる。とりわけ苦手な人に対しては欠点ばかりが目についたり、いらだちを覚えてしまうものだ。しかし、自分にも当てはまる欠点だからこそ、不快だと感じる場合もある。他人の言動は自分への戒めである。そうやってとらえれば、いっそう自分に磨きをかけることができる。

山は山を必要としないが、人は人を必要とする

――スペインのことわざ

人と人とのつながり方や距離感は、時代が変われば形を変える。どんな形にせよ、人は社会の中で他者と関わり合いながら生きていくしかない。そこは山とは違うのである。

誰がそう言ったかを尋ねないで、言われていることは何か、それに心を用いなさい

――トマス・ア・ケンピス（宗教思想家）

発言者は、14世紀に生まれた神秘思想家である。人は、話の内容よりも誰の話かということに重きを置くことがある。だからこそ、話し手である自分の「発信力」には気を配る必要があるわけだ。しかし、一方で自分が聞き手となったとき、話の内容以外の要素に影響されるのは厳に戒めなければなるまい。この言葉は、そうしたトリックに惑わされるなという警告だ。

一、独立の気力なき者は、必ず人に依頼す
一、人に依頼する者は、必ず人を恐る
一、人を恐るる者は、必ず人にへつらう

――福沢諭吉『学問のすゝめ』（明治の思想家・教育家）

「天は人の上に人を造らず、人の下に人を造らず」の書き出しがあまりにも有名な『学問のすゝめ』の初版は明治5年に発行された。当時の日本はといえば、明治維新によって次々と西洋文化が流入してきた頃である。この本をタイトルどおり学問のすすめだと思っている人は多いだろうが、福沢諭吉が真に訴えたかったのは学問を極めて独立心を持つことだ。他人に依存しているようでは、あらゆる意味でまだまだだというわけだ。

あまりうちとけ過ぎる人間は尊敬を失いますし、気やすい人間は馬鹿にされますし、むやみに熱意を見せる人間は、いい食いものにされてしまいます

――オノレ・ド・バルザック『谷間の百合』（小説家）

バルザックの小説に出てくる一節だが、他人との距離のとり方について考えさせられる言葉だ。打ち解け過ぎるのもそうだが、気やすいのも熱意を見せるのもどちらかといえばポジティブな要素だ。それも度が過ぎればあらぬ落とし穴が待っている。

「私は正直者です」と自分で言う者に、決して正直者はいない。「私はなんにも知りません」と言う者はよく知っている。「私はなんでも知っている」と言う者はホラ吹きである。なにも言わない人間は賢明な人か、利己主義の人かどちらかである

――オー・ヘンリー（小説家）

『最後の一葉』で知られるアメリカの小説家の言葉だが、ある程度、年齢を重ねた人にとっては深く響いたのではないだろうか。とりわけ自己アピールに長けた人間は口と腹の中が違うことが多いし、必要以上にしゃべらない人間はいずれにしても要注意だったりする。大事なのは、それを見抜く観察眼だというわけだ。

君はロッカールームに入ったのか？選手の奥さんたちの名前を知っているのか？一緒にランチをとったのか？

――ホルスト・ダスラー（アディダス元社長）

仕事でもプライベートでも、相手の懐に飛び込むのが上手な人とそうでない人がいる。その違いはどこにあるのだろうか。この言葉は顧客の選手がライバルメーカーの用具を使っていることを知り、不満をあらわにした部下に対して社長自ら問いかけた言葉である。営業はただモノを売るだけが仕事ではない。むしろ、それ以外のコミュニケーションを大事にしてこそ、相手の心をつかむことができるという教えだ。

人があやしてくれる時に笑いなさい。
でないと、やがて人はあやしてくれなくなりますよ

——西洋のことわざ

意見の対立などで引っ込みがつかなくなってしまうことはある。だが、いつまでもヘソを曲げていると誰も相手にしてくれなくなるものだ。笑顔には笑顔を。握手には握手を。周囲がフォローしてくれるうちが花だと思えば、振り上げた拳もすんなり下ろせるというものだろう。

シャワー・カーテンはバスタブの内側に入れておくように

——コンラッド・ヒルトン
(ヒルトンホテル創業者)

コンラッド・ヒルトンは「ホテル王」の異名を持つが、この言葉は臨終の際に本人が口にしたといわれている。たとえトップの座に君臨しても、現場で働くスタッフの目線に立って物事を考えられれば部下から得る信頼の度合いが違う。現場を知らないトップがいる企業ほど、不幸な職場はないだろう。

約束は雲、実行は雨

——アラブのことば

雨が少ないアラブ独特の言い回しは、「約束は果たされて初めて意味がある（しかし難しい）」という意味だ。雲が出ても雨が降るとは限らない。つまり、約束が守られるとは限らないということの暗示なのだ。日本にも約束には千金の重みがあるという意味の「一諾千金」という言葉がある。信頼を勝ち得るためには、思わせぶりで実行せずに通り過ぎる雲であってはいけないのだ。

汝に陰を与えた木は切るな

――西洋のことば

いつも自分が木陰を利用して休んでいる木を切り倒そうとして、仲間から恩知らずと罵《ののし》られた木こりの話から生まれた言葉である。自分にそのつもりがなくても、うっかり不義理をしてしまうことは誰にでもある。誰が自分にとっての「陰」を与えてくれたか、そのときの感謝の気持ちを忘れないようにしたい。

壁が横に倒れると、それは橋になる

——アンジェラ・デービス
『アンジェラ・デービス自伝』
（活動家）

壁の両側に相対するものが存在したとする。だが両者を分けるその壁は、ひとたび倒れれば両者を結ぶ架け橋となる——。アメリカの女性活動家で黒人解放運動にも参加したアンジェラ・デービスは、まさに壁を橋にしようと努力した人物だった。壁が厚ければ厚いほど橋は頑丈になるに違いない。今、見えない壁の前でもがいているすべての人たちに贈りたい言葉である。

遠方に友を持つと世の中が広く感ぜられる。友は緯度となり経度となる

――ヘンリー・D・ソロー（アメリカの作家・思想家）

自分の日常生活から離れたところに友がいることは幸せなことだ。緯度となり、経度となって、あなたが「いまどこにいるか」教えてくれるだろう。むろん、それによって世界はグンと広がり、考え方や価値観にも幅ができる。

美しい唇であるためには、美しい言葉を使いなさい。美しい瞳であるためには、他人の美点を探しなさい

――オードリー・ヘプバーン（イギリスの女優）

人の品性は外見に表れるものだ。晩年、ユニセフ親善大使としてアフリカを訪問していたオードリー・ヘプバーンはラフな服装で化粧っ気もなかったが、その凛《りん》とした姿は年老いてなおオーラを放っていた。外見を着飾ることよりも、内面を磨いて人間性を高めていくことが真の美しさへとたどり着く道になる。

「イエス」という力のない人に、「ノー」と言わせるな

――エレノア・ルーズベルト
（アメリカ合衆国大統領夫人）

第32代アメリカ合衆国大統領フランクリン・ルーズベルトの妻は、もとは内気で控えめな性格だったという。しかし国内外の貧困や差別を目の当たりにし、後に人権活動家として活躍した。そんな彼女が発したこの力強い言葉を補足するなら、意思表示をしない者に批判する資格はない、どんなときも自分の意思は堂々と言うべきだ、と説いているのである。

3　逆境を跳ね返す

今から一年もたてば、私の現在の悩みなどおよそ下らないものに見えることだろう

――サミュエル・ジョンソン（イギリスの文学者）

ミステークを気にしていたら革新できない。打率三割といえば強打者だが、それは10のうち7までがミステークだったということだ

――アルフレッド・スローン（ゼネラルモーターズ元会長）

メジャーリーガーのイチロー選手は打率について「4割を意識するのではなく、6割の失敗は許す」という気持ちでプレーしているという。当然のことながら、4割といえば首位打者を狙える数字だが、それでも5回のうち3回はミスしているということ。人と違うことをしたいなら、ある程度のミスは想定内だと最初から心がけていれば慌てることもない。

疲れた人は、暫し路傍の草に腰をおろして、道行く人を眺めるがよい。人は決してそう遠くへは行くまい

――イワン・ツルゲーネフ（ロシアの小説家）

『父と子』や『初恋』などで知られるロシアを代表する小説家の言葉である。疲れきってしまうと誰でも次の一歩を踏み出せないときがある。とりわけ、他者との熾烈な競争に身を置いているときは歩みを止めることに勇気がいるものだが、「高く飛ぶためにはしゃがまなければならない」という言葉もある。次に進むためには休むことも重要なのだ。

こんなはずじゃなかったのに、という考えは捨てなさい。こんなはずなのだから……

——ウエイン・W・ダイアー（アメリカのスピリチュアリスト）

すでに起こってしまったことに対して、いつまでも「こんなはずじゃなかった」と嘆いている人がいるが、それでは進歩は望めない。アメリカの哲学者、ウィリアム・ジェームズも「物事をあるがままの姿で受け入れよ。起こった事を受け入れることが、不幸な結果を克服する第一歩である」と語っている。

泣くことをおそれるな。泣くことは、悲しみにあふれたあなたの心を解き放つ

――ホピ族の言葉

感動する映画やドラマを観て泣くだけ泣いたら気分がスッキリしてストレス解消になるという人がいる。それもそのはずで、「泣く」という行為には自浄作用があるからだ。人前で涙を見せないことが美徳と考える人もいるかもしれないが、悲しいときはこのホピ族の教えのように、思い切り泣けばいい。そうすれば、ふっと心が軽くなるのがわかるはずだ。

絵の本質は額縁にあり

――ギルバート・ケイス・チェスタートン
（イギリスの作家・批評家）

絵は額縁があるからこそ絵として表現できる。額縁を不自由と感じるかどうかはその人しだいだが、不自由だと感じたとき、人は自分の身を嘆いたり、その現状を招いた相手を責めたりする。だが、その制限があってこその自己表現なのである。

人生はクローズアップでみると悲劇だが、ロングショットでみると喜劇だ

――チャールズ・チャップリン
（イギリスの俳優・監督）

喜劇王の名にふさわしいチャップリンの名言である。人生には辛いことも悲しいこともいろいろあるが、一歩引いてみたり、他者の目線で見たりすれば滑稽に映ることもある。映画ならそのシーンをクローズアップにするかロングショットにするかは監督が決めることだが、自分の人生ならもちろん決めるのは自分自身だ。

満足な仕事ができないと思ったときは、素直に自分のレベルに合った仕事を探しなさい。たとえそれが石割りであったとしてもである

――ジェームス・ギャンブル（P&G創業者）

この仕事は自分には向いていないとわかっているなら、無理をしてそこにしがみつくことはない。せっかく入った一流企業だからとか、人に自慢できる職種だからという理由だけで自分に合わない仕事をするのは、けっして幸せなことではないだろう。

ある人に合う靴も、別の人には窮屈である。あらゆるケースに適用する人生の秘訣などない

——カール・グスタフ・ユング（スイスの心理学者）

深い悩みに陥ってしまったときは、小説をたくさん読むといいという。そこに描かれているさまざまな人物の考え方や行動には、たくさんの生きるヒントが散りばめられているからだ。だが、共感できる物語を見つけたとしても、それをそのまま取り入れては意味がない。分析心理学の創始者であるユングも言っているように、あらゆるケースに適応する人生の秘訣などないのだ。今までの自分とは異なった人生観を積極的に取り込んで、それを自分の生き方にフィードバックさせてみよう。

人は肯定においてよろこびを感じ、否定においてかなしみを感ずる。しかし真実のよろこびというものは深いかなしみの経験のないものには味わうことができない

――柳田謙十郎『弁証法入門』（哲学者）

明治生まれの哲学者の言葉だが、スイスの哲学者カール・ヒルティもまた似たような言葉を残している。「よろこびが何であるかは、元来、多くの苦しみを耐え忍んできた人々のみが知っているのである。その他のひとたちは、真のよろこびとは似ても似つかない単なる快楽を知っているにすぎない」。影あっての光であるように、苦しみを知ってこその喜びなのだ。

人生には解決なんてない。ただ、進んでいくエネルギーがあるばかりだ。そういうエネルギーをつくり出さねばならない。解決はその後でくる

――サン・テグジュペリ（フランスの作家）

人生が思い通りにいかないときは、正解を探してもがくものである。そんな苦しいときに思い出したいのがこの言葉だ。たとえ最善の選択をしたと思っても、事情が変わったり思わぬ横やりが入って、望む結果にたどりつけないことは珍しくない。であれば、あれこれ思いめぐらす前に行動し、「進んでいくエネルギー」に身を委ねよう。

グリーンエッジとバンカーの両方にボールがあった場合、自分のボールは絶対にバンカーの中

――アーノルド・パーマー（プロゴルファー）

ゴルフ界のレジェンドともいうべきアーノルド・パーマーは、攻めのゴルフで一世を風靡《ふうび》した選手。これはそんな彼が自虐的に語った言葉だが、その裏にはそれでも自分のスタイルを貫き通すという信念が隠されている。たとえリスクが大きくても自分のやり方を信じる。ここ一番ではそんな芯の強さがものをいうのだ。

君が思い悩み、迷ったことは少しも気にすることはない。何かをつかんだはずだ

――松本昇（資生堂元社長）

人事への不満を理由に2か月以上ものあいだ無断欠勤していた部下に対し、資生堂の社長である松本昇が発した言葉だ。誰にでも停滞する時期はあるが、重要なのはそこで何をつかみ、何を得たかだ。それさえ実感できれば、思い悩んだ時間はけっして無駄にはならない。その後の人生でいくらでも取り返せるのだ。

スランプを切り抜ける途も、やはり稽古の一道しかない

――双葉山（元大相撲力士）

自分の実力を十分に出せず、そのもどかしさに苦悩する。誰でもこんなスランプは一度や二度経験するはずだ。それを脱出するには稽古しかないと説くのは、昭和の名横綱双葉山だ。ここでいう稽古とは、自分がそのときにできる最大限の努力のことだろう。ある心理学者は「苦しいから逃げるのではない。逃げるから苦しくなる」と言っている。結局、逃げ出せばスランプは延々と続くのである。

ギアをバックに入れないように

――リチャード・カールソン（アメリカの作家・心理療法士）

『小さいことにくよくよするな！』（サンマーク出版）などの著書で知られる作家・心理療法士の言葉。ネガティブ思考の人に共通するのは、過ぎたことをいつまでも思い悩む心の弱さである。とはいえ「ポジティブにならなくちゃ！」という考え方は、心理学的には逆効果だ。ギアがバックにさえ入っていなければ車は後退しないのと同じで、過去を振り返らなければ自分自身が後戻りすることはないのである。

志を立てた以上、迷わず一本の太い仕事をすればいい

――豊田佐吉（トヨタグループ創業者）

世界のトヨタの産みの親が語った言葉である。「志」という言葉は心が方向を決め、そこを目指すという意味の「心指す」が語源だという。目指す方向が決まれば迷うことはない。あとはそこに根を生やし、やがては太い幹になるまで懸命に取り組むだけだ。

あちこち旅をしてまわっても、自分から逃げることはできない

――アーネスト・ヘミングウェイ（アメリカの小説家・詩人）

『老人と海』の代表作で知られるヘミングウェイの言葉である。彼は、旅をしてもけっして逃げ切ることができない自己の存在をつきつけられたのだろう。人はどんなときでも自分からは逃れられない。向き合うことを恐れてはならないという教えだ。

もしも心がまえを変えたいなら、まず行動を変えなければならない。つまり、自分がこうありたいと思っている人物をできるだけうまく演じるようにすれば、やがて年と共に臆病な自分は消えていく

――ウイリアム・グラッサー（アメリカの精神科医）

人間とは面白いもので、ある役割を演じているうちに自然とそれができるようになる。たとえば、こんなエピソードもある。レストランで苦手な接客を任された人が、自分はフロア係の役を演じていると思って仕事をしていたら、いつの間にか接客が上手になっていたという。なりたい自分をイメージして演じ続ければ、やがてそれは本物になる。

釣れないときは、魚が考える時間を与えてくれたと思えばいい

――アーネスト・ヘミングウェイ（アメリカの小説家・詩人）

小説『老人と海』の中で語られるこの言葉は、仕事と時間に振り回される現代人の心には新鮮に響く。繁盛していた商売がヒマになったり、多忙な部署から閑職へ回されたり、人生にはままならないときもある。そういうときは無駄に焦燥に駆られず、今の時間は天が与えてくれた次のステップへの準備期間だと考えて、泰然《たいぜん》としてチャンスが訪れるのを待とう。

人間は、努力をする限り、迷うものである

――ゲーテ『ファウスト』
（詩人・劇作家）

ゲーテは迷いながらも自分の道を進んでいく者を好ましく思っていたようだ。他人が敷いたレールの上を走っていれば、迷うことも間違えることもない。悩み、迷うのは才能がないからではなく、自分で切り開いた道を歩んでいるからなのだ。迷いは生きている証、努力の結晶だともいえるのである。

明日について心配するな。
今日何が起きるかさえ
分からないのだから

――『タルムード』

ユダヤ教の聖典『タルムード』に記された一節。紀元70年に起きたローマ帝国軍とのユダヤ戦争によって故国をなくし、中東世界に離散することを余儀なくされたユダヤ人にとっては重い言葉だったに違いない。この先に起こるかもしれないことにおびえることなく、今日という現実を乗りこえよう。

新しいことをやれば、必ず、しくじる。腹が立つ。だから、寝る時間、食う時間を削って、何度も何度もやる。そうするうちに、しくじらないコツというのがわかってくる。しくじりの屍を乗り越えるうちに、それをよけることもわかってくる

――本田宗一郎（本田技研工業創業者）

企業の面接担当者は、失敗談をより多く持っている応募者に興味を持つという。というのも、その失敗を後にどう活かしたかを聞きたいからだ。とかく誰もが失敗を恐れがちだが、大事なのはそれで何を得たかである。伝説の企業家である本田宗一郎がいうところの「しくじりの屍《しかばね》」を次にどう活かすかということだ。

わずかなことがわれわれを慰めるのは、わずかなことがわれわれを悩ますからである

――ブレーズ・パスカル（フランスの哲学者・数学者）

失敗して落ち込んだときでも、誰かがかけてくれた何気ないひと言に慰められて次へのパワーにつながることもある。人間はつくづく単純な生き物である。そんなシンプルな存在だからこそ、小さなことで悩んだり、慰められたりするのだろう。

危険が身に迫った時、逃げ出すようでは駄目だ。かえって危険が二倍になる。決然として立ち向かえば、危険は半分に減る。何事に出会っても、決して逃げるな

——ウィンストン・チャーチル（イギリス元首相）

第二次世界大戦時、ヒトラーと激しく敵対したのがイギリスの首相チャーチルである。チャーチルはヒトラーが台頭したときに、いち早くその狂気を見抜いていたといわれているが、この言葉から並々ならぬ覚悟を持って戦っていたのが想像できる。状況しだいでは安易に逃げたことでさらなる危機を招くということを肝に銘じておきたい。

光ったナイフは、
草原の中に捨てられていても、
いつか人が見出すものだ

――清沢満之（宗教家）

清沢満之は近代的仏教信仰の確立を目指したことで知られている、明治時代を代表する宗教家のひとりだ。その清沢が言うには、光ったナイフは草原の中に埋もれていても必ず人の目に入る。錆びたナイフであれば埋もれるだけだが、一筋の輝きを台地に放つことで目立つからだろう。どんな状況であっても腐らずに自分を磨き続ければ、いつか誰かが気づいてくれると考えたい。

何かやりたくないことがあったら、毎日必ずそれをやることだ。これが、苦痛なしに義務を果たす習慣を身に付けるための黄金律なのだ

——マーク・トウェイン（アメリカの小説家）

『トム・ソーヤーの冒険』で知られるアメリカの小説家マーク・トウェインは、本国では〝名言王〟と呼ばれるほど多くの言葉を残している。ウィットに富んだこのフレーズも、いかにも彼らしい名言である。嫌なことも習慣化すれば何でもなくなるという、ユニークな生き方のヒントだ。

スランプというのは、好調なときにその原因が作られている。だから、好調なときが一番心配です

——川上哲治（元巨人軍監督）

現役選手として、また監督としても読売巨人軍の強さの象徴だった川上哲治の言葉。どんな人でも物事がうまくいっているときは調子に乗りやすく、その先にある落とし穴に気がつかない。いい流れのときこそ慎重さを欠いてはいけないのである。常に最悪の事態を考え、用心するくらいの注意深さを持ちたいものだ。

解決策がわからないのではない。問題がわかっていないのだ

――ギルバート・ケイス・チェスタートン（イギリスの作家・批評家）

イギリス生まれの作家によるストレートな指摘である。八方ふさがりで手も足も出ないときはもう一度原点に立ち返るといい。解決できないともがいていても、じつは問題点そのものが明確になっていなかったりするものだ。

どんな困難な状況にあっても、解決策は必ずある。救いのない運命というものはない。災難に合わせて、どこか一方の扉を開けて、救いの道を残している

――ミゲル・デ・セルバンテス『ドン・キホーテ』（作家）

絶望の中に希望を見出すこの言葉は、物語の主人公であるドン・キホーテに作者自身の体験を重ね合わせることで生まれたものだ。セルバンテスは海賊に囚われたり、思いがけぬ罪で投獄されたりと、波乱万丈の人生を歩んでいる。その度に自らを奮い立たせていたに違いない。世の中には自らの不運を嘆くだけの人も多いが、希望を持ち続ければ「救いのない運命というものはない」のである。

右手に円を書き、左手に方を書く、二つながら成らず

——韓非（『韓非子』功名篇）

右手で円を描きながら、左手で四角を描いてみてほしい。両方ともうまくできないはずだ。同時に二つのことを達成しようとしたものの、どちらも達成できずでは元も子もない。こんなときは欲張らずに、優先順位を決めるなり、どちらか一方に絞るなりしてみよう。

4　決断をくだす

幸せになりたいならば、
「あのときああしていれば」と言う
かわりに、「この次はこうしよう」
と言うことだ

――スマイリー・ブラントン（精神科医）

ビジネスにおいて、6カ月早ければよかった、ということはあっても、6カ月遅ければよかった、ということはまずない

――ジャック・ウェルチ（ゼネラル・エレクトリック元CEO）

大きな決断をするときは誰だって悩むものだ。しかし、慎重に考えすぎて機を逃せば元も子もない。ここぞという場面では迷いなく勝負に出る決断力が必要になる。「先んずれば人を制す」というように、成功を引き寄せるには先手必勝が不可欠なのである。

迷ったときには、10年後にその決断がどう評価されるか、10年前ならどう受け入れられたかを考えてみればよい

――鈴木治雄（昭和電工元会長）

何か物事を決断するときの判断材料として胸にとどめておきたい言葉。その決断は10年後、どう評価されるか。10年前だったらどうか、と長い射程の中でとらえ直すことで迷いを断ち切ろう。

神は万人に等しく1日24時間という時間を与えたもうた。——君の手にしている今日の24時間をどう効果的に使うのか？その収支決算が君の人生である

——扇谷正造（評論家）

雑誌の編集長なども務めたジャーナリストでもある扇谷正造の言葉。「歳月人を待たず」などというが、たしかに年月は人の都合など待ってはくれない。誰にでも等しく割り当てられた時間をどう使うか、その決断しだいでまだまだ人生の決算書は修正できるということになる。

追いつめられたときの多数決は、大変危険です。気弱になった集団の多数意見は、往々にして誤る

——村山雅美（元南極観測隊隊長）

村山雅美は第9次越冬隊を率い、日本人で初めて南極点に到達した人物である。その過酷な旅を想像させるシビアな言葉だが、これは冒険に限ったことではない。追いつめられた人たちや気弱になった人たちが集団として正しい判断ができるわけがない。仮に自分がリーダーであれば、そのときこそ一歩引いた冷静さが求められている。

イノベーション（刷新すること）はすべてに「イエス」と言うことではない。極めて重要な機能以外には「ノー」ということである

――スティーブ・ジョブズ（アップル・コンピュータ元CEO）

あらゆる要素を取り入れることが〝攻め〟の姿勢につながっていくわけではない。ときには大胆に切り捨てたほうが大きな変革を生み出すこともできる。松井証券社長の松井道夫も「捨てて得られるものは、全部未来のことです」と語っている。肝心なのは、どこが刷新の核となるかを見極める「眼力」を養うことである。

決定のためにはいろいろな案がなくてはならない。可、否の2案だけでは不足であり、決定しないという決定もある

――ピーター・F・ドラッカー（経営学者）

何かを決めるときには複数の選択肢を用意しておくべきだ。その中には「保留」という選択肢があってもいい。イエスかノーしかなかったら、納得しないまま結論を出さなければならない場合もある。とりあえず保留にすることで、その案をブラッシュアップできるかもしれないし、よりよい案が出てくる可能性もある。あえて決定をしないこともひとつの手段なのだ。

六〇点主義で即決せよ。決断はタイムリーになせ

――土光敏夫（元経団連名誉会長）

「行動する経団連」をスローガンに、日本の経済界をリードした土光敏夫の言葉。失敗したくないから判断に迷うという気持ちはわかる。だが、未来のことなどいくら仮想したところで答えは出ない。勇気を持って迷いを振り払い、「こうしよう」と腹をくくったらその道をまい進しよう。

決断力のない君主は、多くの場合、中立の道を選ぶ

——ニッコロ・マキャヴェッリ（政治思想家）

どちらにするか決められないから、とりあえず真ん中を選ぶという人は少なくない。だが、リーダーが決断しない組織の行方が暗いものになるのは歴史が示す通りだ。

使い過ぎるといけないものが3つある。それはパンのイースト、塩、ためらい

――『タルムード』

「決断」と「ためらい」は表裏一体だ。「えいっ！」と決断して飛び込もうとしているときに、「やっぱり、やめておこう」とためらいがブレーキをかける。このためらいを必要以上に使いすぎるとどうなるか。決断するのが遅れてチャンスを逃してしまうのだ。人生においてためらいは敵である。

選んではならぬ。ひとつの立場を選んではならぬ。ひとつの思想を選んではならぬ。選べば、君はその視座からしか、人生を眺められなくなる

――アンドレ・ジッド（フランスの小説家）

ノーベル文学賞を受賞したフランスの小説家の言葉は、人生の偏りをなくし見聞を広めよ、という教えである。自分の思考をよりしなやかで、強靭なものにするためには、自分の知らない価値観を受け入れるすき間を残しておいたほうがよいということだ。

正しいことをするのに、頃合を選ぶ必要などない

——マーティン・ルーサー・キング・ジュニア（牧師）

アメリカの牧師で、黒人解放運動の指導者だったキング牧師を象徴する言葉。いつするべきかタイミングをはかって逡巡《しゅんじゅん》するのではなく、自分が正しいと確信したことは、ぶれずに突き進む。自分を鼓舞するためのひと言だ。

お金は天から降ってはこない、地上でかせぎ出さねばならない

——マーガレット・サッチャー（イギリス元首相）

当たり前のことをいっているように思えるが、長年にわたる不況からイギリス経済を立て直した「鉄の女」の異名を持つサッチャー元首相の言葉だけに説得力がある。彼女は世界に先駆けて公営企業の民営化を断行し、それを成功に導いた。置かれた条件の中で、知恵を絞り、ときには大胆な決断も下す。そんな積極的な行動がビジネスでは重要になってくる。

#「ずいぶんまわり道をしたものだ」と言うのは、目的地を見つけた後の話である

——湯川秀樹（物理学者・ノーベル物理学賞受賞者）

日本人初のノーベル賞受賞者・湯川秀樹。自伝に出てくるこの一文は、自らの研究になぞらえたものだが、この言葉のあとには続きがある。「後になって、真直ぐな道を見つけることは、そんなに困難ではない。まわり道をしながら、そしてまた道を切り開きながら、とにかく目的地までたどりつくことが困難なのである」。誰でも目的地へは最短距離を探すもの。だが、どのルートが最短距離なのかは、結局目的地に着いてみないとわからないのだ。

やったことは、たとえ失敗しても、二十年後には、笑い話にできる。しかし、やらなかったことは、二十年後には、後悔するだけだ

——マーク・トウェイン（アメリカの小説家）

やるか、やらないかで迷うのは、自信がなかったり、やって失敗したときのことを恐れているからである。だが、たとえ失敗したとしても、その経験は自分の成長への糧になる。一方で、やらなかったときは後悔以外に何も得るものがない。悩んでいるなら、やってみる。その積極的な姿勢が将来の可能性を広げていくのだ。

人を相手にせず、天を相手にせよ

――西郷隆盛『大西郷遺訓』（政治家）

西郷隆盛の遺訓をまとめた本からの一文。日本には古くから、悪いことをすると「お天道様がみている」と戒める文化がある。天を不変的な存在だとするならば、人間は置かれた立場やその人の心持ちでコロコロ変わる可変的な存在だ。維新のときの西郷隆盛のように、信念を持って行動しなくてはならないとき、周囲に流されるのは戒めたい。

5　成功する

私は特別な人間ではない。
強いていうなら普通の
人よりもちょっと努力しただけだ

――アンドリュー・カーネギー（アメリカの鉄鋼王）

私は天才ではない。ただ、なかには得意なこともある。そういうことだけをやってきたんだ

――トーマス・J・ワトソン（IBM初代社長）

自分はダメだと勝手に決めつける人がいるが、どんな人にも得意な分野があるものだ。得意なことなら努力は苦にならず、上達も早い。IBM初代社長の言葉は、個性を伸ばすことで成功を引き寄せた体験を静かに語っている。

一貫して他に抜きん出るためには、忍耐が絶対に欠かせない。それが勝者と敗者を分ける唯一、最大の要因である

――ジャック・ニクラウス（プロゴルファー）

ジャック・ニクラウスといえば、帝王の異名を持つ史上最高のゴルファーのひとりだ。四大大会でトリプルグランドスラムを成し遂げた強者だからこそ、「忍耐」というワードにも重みがある。「忍の一字は衆妙《しゅうみょう》の門」というように、辛抱を覚えれば何事も成し遂げられる。これは勝負の世界に限らず、あらゆる状況に共通していえることだろう。

5 成功する

ハムはあまり薄く切らないでくれ

——フレッド・ハーヴィー
（ハーヴィーハウス創業者）

意外にもこれは〝遺言〟である。発言主は19世紀にアメリカでレストラン「ハーヴィーハウス」を開いたオーナーだ。店のウリは質の高さだっただけに、どうしても息子たちに言い遺したかったのだろう。お客さんの喜ぶ顔と自分にもたらされる利益を天秤にかけて利益をとるようでは、結果的にお客は逃げていく。商売の大事な肝をハムの厚さになぞらえたのである。

成功するための最善の方法、それはもう一度試みることである

――トーマス・エジソン
（アメリカの発明家）

エジソンは電球を発明するのに1万回失敗した。しかし、他人からそのことを指摘されるとこう答えた。「私は1万回失敗したのではない。うまくいかない方法を1万通り発見しただけだ」。誰もがエジソンのようになれるわけではないが、このポジティブな発想を真似することはできる。失敗を成功に変えるには、何度も挑戦し続けるしかないからだ。

ほとんどの人は、後のことを考えて、自分の力を1％以上残しているものなんだ。でも、チャンピオンになる人は、最後の1％を躊躇なく使い切る

――クリス・カーマイケル（アメリカのスポーツコーチ）

クリス・カーマイケルはアメリカのスポーツコーチである。この言葉を裏づけるように、アスリートだけでなく成功した企業経営者の多くが「余力は残さない」という主旨の発言をしている。力を出し切らないことには、結果を出せるはずもないのである。

小売業で成功したかったら、「満塁ホームランを狙う！」というヤツは失敗する。小さな改善を毎日積み重ねるしか手はないんだ

――藤田田（日本マクドナルド創業者）

満塁ホームランを狙って大振りするのは、空振り三振の可能性もあることを忘れてはならない。目標達成への確実な手段は「小さなことからコツコツと」が基本。いきなり大きな成果を出そうとするのではなく、地道な努力が大事だという教えだ。日本マクドナルドをファストフード界の雄に押し上げた名物社長の言葉である。

敵は67人のランナーではなく、私自身。その戦いに勝った

――アベベ・ビキラ（元陸上競技選手・金メダリスト）

裸足のマラソンランナーとして名をはせた、エチオピア出身のアベベの言葉である。同じように「敵は自分の中にある」といった主旨の発言をするアスリートは多い。厳しい勝負の世界を知る人にとって実感のこもった言葉なのだろう。

失敗という選択肢はない

——ユージン・クランツ
（元NASA主席飛行管制官）

この言葉の主は、NASAの管制室で飛行主任を務めていた人物である。失敗は成功のもとであるのは間違いないが、アポロ宇宙計画のような人命がかかっているときなど、場合によっては絶対に失敗が許されない局面もある。失敗できない状況のなか、極限の緊張感を持ちながらも普段通りに結果を出せるか。これが勝負の分かれ目なのである。

度胸が欲しければ、恐ろしくて手が出ないことに挑んでみることだ。これを欠かさずにやり続けて、成功の実績を作るのだ

――デール・カーネギー（アメリカの実業家・作家）

カーネギーは『人を動かす』『道は開ける』などの著書で知られるアメリカの実業家である。この言葉はまさに開拓者の心得のようなものだ。誰も手を出さないことに挑んでこそ、誰も手にできない成功がつかめる。他より一歩前に出るにはそれほどの貪欲さが必要なのだ。

99パーセントの失敗は、言い訳を言うクセを持っている人々に起こる

——ジョージ・ワシントン・カーヴァー（植物学者）

アメリカでピーナッツやサツマイモの研究を重ね、多くの功績を残したのがジョージ・ワシントン・カーヴァーである。言い訳がクセになっている人は、「しない理由」や「できない理由」をいつも探している。言い訳をするために行動し、言い訳をするために行動しないというおかしな矛盾が生じるのだ。これではいつまでたっても成功は訪れない。

素晴らしい計画は不要だ。計画は5%、実行が95%だ

――カルロス・ゴーン
（日産自動車社長兼CEO）

業績が悪化していた日産自動車のCEOに就任、見事に再生を果たしたカルロス・ゴーンの有名な言葉である。どれほど綿密に立てられた計画も、実行されなければ意味がない。計画段階など実行に向けたスタート地点にすぎないのだ。

成功とは、失敗に失敗を重ねても情熱を失わない能力のことだ

——ウィンストン・チャーチル（イギリス元首相）

諦めの悪さはマイナス要素としてとらえがちだが、チャーチルが言うようにけっして諦めずに情熱を持ち続けた結果が勝利につながることがある。ヒルトンホテルの創業者であるコンラッド・ヒルトンも「成功する人は前進し続ける。失敗もするが、途中で投げ出すことはない」という言葉を残している。

明確な目標を定めたあとは、執念だ。ひらめきも執念から生まれる

――安藤百福（日清食品創業者）

安藤百福《ももふく》といえば、いわずと知れた「チキンラーメン」と「カップヌードル」の生みの親である。戦後、安藤はある信用組合の理事長になるが、資金繰りに行き詰まり倒産する。個人資産のすべてを弁済に充て、自宅の裏庭に建てた小屋で再起をかけてインスタントラーメンの研究を始めたが、何度も失敗を繰り返した。しかし、その執念がひらめきを生み、世界初の〝魔法のラーメン〟を誕生させたのである。

私は楽観主義者である。しかし私はレインコートを持っていく楽観主義者だ

――ジェームズ・ハロルド・ウィルソン（イギリス元首相）

よく「晴れの日こそ傘をさせ」というが、万が一のときにバッグに入れておいた傘やレインコートの役立つときがくるはずだ。備えあれば憂いなし。真の楽観主義者というのは、万全なプロセスを大切にする。確実に成功するために、常に失敗することを想定内に繰り入れているのだ。

成功の秘訣は他社の動向に気をとられないことだ

――ジェフ・ベゾス（Amazon.com 創業者・CEO）

他社の動向を常にチェックするのはビジネスの世界では当たり前のことだ。ところが、世界の流通を大きく変えたアマゾンの創業者ジェフ・ベゾスは、そんなことに気をとられるなという。他社の動きを気にしすぎたり、追随しているようではビッグビジネスはものにできないのだ。

小さな支出に気をつけなさい。小さな水もれが大きな船を沈めることになる

――ベンジャミン・フランクリン（アメリカの政治家）

フランクリンと同じようなことを、三菱の基礎を築いた岩崎弥太郎も「汲み出す一升より漏る一滴」という言葉で表現している。樽の底から漏れる一滴に注意していないと家計が破綻しかねないといった蓄財の要諦だ。高額の出費より日々の小さな浪費に気をつけよと戒めていた岩崎だからこそ、莫大な財産を築き上げることができたのだろう。

5 成功する

事業は金がなければできないが、正しい確たる信念で裏づけられた事業には、必ず金は自然に集まってくる

――三島海雲（カルピス創業者）

「金」という部分は人や信用に置き換えることもできる。三島海雲はカルピス株式会社の創業者で、健康のために乳酸菌を広めようと決意して開発を進めた。働くことの基本姿勢を表した言葉だが、そうした強い信念が結果的に金も人も動かしたのだ。石油王と呼ばれたロックフェラーも「金持ちになりたい一心から出発しても成功しない。志はもっと大きく持つべきだ」と言っている。

英雄とは自分のできることをした人だ。ところが凡人はそのできることをしないで、できもしないことを望んでばかりいる

——ロマン・ロラン（フランスの作家）

大きな目標を達成するためには、今の自分に到達可能な目標を立ててひとつずつクリアしていくしか方法はない。これが実行できるかできないかが、ヒーローと凡人の分かれ道になる。では、なぜヒーローはそれができるのだろうか。アメリカの哲学者ラルフ・ワルド・エマーソンは「英雄は、凡人より5分間、勇気が長く続く」と言っている。たった5分の勇気の持続が人生をも変えてしまうのだ。

砂糖から甘さ、唐辛子から辛さを取ったら、何の意味も無い

――沖縄のことわざ

日本人メジャーリーガーのパイオニアである野茂英雄には、最初の所属球団である近鉄バファローズへの入団に際し、「フォームの矯正はしないでほしい」と注文をつけたというエピソードがある。その後、独特のフォームは彼の代名詞になったのは承知の通りだ。砂糖の甘さ、唐辛子の辛さは、野茂にとってのトルネード。何事にも個性や持ち味というものがあり、それを奪ってはならないという教えだ。

風波はつねに優秀な航行者に味方する

——エドワード・ギボン
（イギリスの歴史学者）

航行者にとって波風は、ときに向かい風となって行く手を阻むものであり、ときには追い風にもなる。著書『ローマ帝国衰亡史』にこの言葉を記したイギリスの歴史学者ギボンは、古代ローマ帝国が衰え滅びゆく過程を追いながら、そこに人生の真理を見出したのかもしれない。

これで十分、と思って現状を認めてしまうのは、バックミラーだけを見て運転するのと同じことだ

——マイケル・デル（デルコンピュータ創業者・会長兼CEO）

世界で初めて注文生産のコンピュータ販売を開始して大きな富を手にしたデルコンピュータ会長のマイケル・デルはこうも言っている。「仕事が上手くいっても、10億分の1秒だけ祝って先に進むのだ」。夢を実現するためには、現状に満足して立ち止まったりせずに、どんどん前に進んでいくこと。生きている限り、挑戦だ。

成功の程度を測る尺度は、どんなにむずかしい問題を解決したかではない。去年と同じ問題が今年もまた持ち上がっていないかどうかである

——ジョン・フォスター・ダレス（アメリカの政治家）

大舞台で一度派手なゴールを決めたからといって、それは成功とはいえない。去年はできなかったことを、今年はきっちりとできるようになる。問題点を明らかにしてそれを二度と繰り返さない。前進し続けることが本当の成功といえるのだ。

三振するかもしれない、なんて絶対に考えてはいけない

——ベーブ・ルース（野球選手）

「三振するかもしれない」などと絶対に考えなかったベーブ・ルースは、アメリカ野球の神様といわれるヒーローになった。ピンチに見舞われたときこそ、自分を鼓舞し、果敢に挑戦したい。

平凡なことを毎日平凡な気持ちで実行することが、すなわち非凡なのである

――アンドレ・ジッド（フランスの小説家）

とんでもない偉業を成し遂げる人が生まれつきの天才ばかりとは限らない。成功を収めた人たちの多くに共通する特性は、こうと決めた目標に向かってぶれずに淡々と毎日の努力を続けられることだ。そして、一見すると誰にでもできそうなこの地味で泥臭い不断の努力こそが、じつはもっとも達成するのが難しい偉業だといえる。

なんにも後悔することはない。
自分が負ければ向こうが勝つ。
神様から見れば同じことだ

――澤木興道（曹洞宗僧侶）

長い人生から考えれば、その時々の勝ち負けなどは些細なことに過ぎない。勝った人を羨《うらや》み、負けたことを後悔してくよくよと思い悩んでいても人生は好転しない。人との勝負に一喜一憂するのではなく、自分の目標をしっかりと定め、そこに向かって着実に歩を進めていくことが人生にとっては大切なことなのだ。

私はアップルの経営をうまくやるために仕事をしているわけではない。最高のコンピュータを作るために仕事をしているのだ

――スティーブ・ジョブズ（アップル・コンピュータ元ＣＥＯ）

アップル社を創設したスティーブ・ジョブズの至言。たとえばビジネスや勉強で、ＴｏＤｏリストやアイデアノートのような自分なりのツールを使用している人は多いだろうが、なかにはそれにこだわるあまりいつの間にかツールづくりが目的になってしまっている人もいるはずだ。人は毎日のルーチンをこなすうちに本分を忘れてしまうことがある。働くすべての人に〝気づき〟を与える言葉だ。

できない、もうこれでいい。やるだけやった、と言うな。これでもやり足りない、いくらやってもやり足りないと思え。一心不怠に努力すれば、努力した分だけ必ずよくなる

――大山梅雄（昭和の実業家）

昭和31年に日出製鋼（のち東洋製鋼）の社長になり、同社をはじめ17社を再建した名実業家。一心不乱に努力すれば、その分だけ報われるものだ。限界と戦ったF1ドライバーのアイルトン・セナも「多くの人がベストを尽くす。極限まで努力する。しかし、本当の努力は、その極限からどこまでいけるかということなんだ」と語っている。限界を感じてからが本当の勝負なのである。

私の願望は一流になることだった。ゴルファーにこの気持ちがないならば、やらないほうがいい

――ジャック・ニクラウス（プロゴルファー）

一時代を成したプロゴルファーのジャック・ニクラウスの言葉。彼は何かを目指すからにはトップを狙い、一流であるためにたゆまぬ努力を惜しまないことの大事さを説く。一流なんて自分には無理だからと諦めてほどほどの努力しかしないようでは、途中で挫《くじ》けるのは目に見えている。

『利』より『義』を重んじ
商いをせよ。
それを『士魂商才』という

――福沢諭吉
（明治の思想家・教育家）

「士魂」とは武士の魂、つまりサムライ・スピリットだ。武士は卑怯なことを嫌い、品性を高めることを重視した。目先の損得ばかりにとらわれて商売をするのはその魂に反することで、損得勘定なしに正しい行いを貫くのが『士魂商才』である。経済至上主義の社会だからこそ、忘れてはならない言葉だ。

成功者のすべては、小さな思いつきを馬鹿にしなかった人たちである

——藤原銀次郎（実業家）

どんなにくだらない小さな思いつきも、まずはとことん掘り下げ、追求してみるといい。誰もが馬鹿らしいと素通りしていることにこそ、またとないチャンスが眠っていることがあるからだ。経営不振に陥っていた会社を日本一の製紙会社にまで再建した、製紙王・藤原銀次郎ならではの至言である。

枝の先までなぜ行かないのですか？　果実があるのは、そこなのですよ

――ウィリアム・ロジャース
（アメリカのコメディアン・俳優）

木の枝は先にいくほど細く折れやすくなるので、そこまで身を乗り出すのは危険である。だが、価値のあるものはそんな勇気と決断が必要となる場所にこそある。カウボーイから一躍スターコメディアン、そして俳優へと駆け上がり、次々とチャンスをものにしてアメリカ国民から愛されたウィリアム・ロジャースが自らの体験から得たメッセージだ。

「いつの日か」は永遠に訪れない

――ヘンリー・ジョージ・ボーン
（イギリスの出版業経営者）

夢を実現させたかったら、明確な期限を設けることだ。「いつかこうなりたい」というような漠然とした夢では、それがいったい何年後なのか、何歳のことなのかが自分でもわからない。そのためには、今何をすればいいのかさえわからないだろう。逆に、「何歳で○○になる！」と期限を決めておけば、それに合わせて自分から積極的に動くことができる。

人生において自分が欲しいものを得るために絶対に欠かせない最初の一歩は、「自分が欲しいものを決めろ！」ということだ

——ベン・スタイン（俳優・評論家）

「将来の目標は何ですか？」と聞かれたら、何と答えるだろう。日々の忙しさに紛れて、中長期の目標など考えていないという人も少なくないはずだ。しかし、漠然と日々を過ごしていては、何も得られないまま一生が終わってしまう。まずは自分の欲する人生は何かを考える。その一歩から新しい可能性が開けるのだ。

勝者はどんな問題にも解答を見つけ、敗者はどんな解答にも問題を見つける

――ロバート・アンソニー(心理学者)

重箱の隅をつつくように物事の問題点を見つけ出し、批判ばかりする人に限って問題解決のために行動することができない。重要なのは、粗探しをすることではない。問題の原因は何か、どうすれば解決できるのかを考え、実際に行動することである。

金持ちになるには、貧しい家に生まれることである

――アンドリュー・カーネギー
（アメリカの鉄鋼王）

コンプレックスがあることはけっして悪いことではない。自分に備わっていないものを補うべく、必死でがんばれる原動力になるからだ。13歳のときに両親とともにスコットランドからアメリカに移住し、「鉄鋼王」と呼ばれるまでに成功を収めたカーネギーも、おそらくそれを実感していたに違いない。

6　心を強くする

私は一日たりとも、いわゆる労働などしたことがない。何をやっても楽しくて仕方ないから

――トーマス・エジソン（アメリカの発明家）

恐怖は常に無知から生ずる

――ラルフ・ワルド・エマーソン
（アメリカの思想家・哲学者）

心理学の実験で、割礼の映像を見せたときの反応を調べたものがある。①まったく情報を与えないで見せた、②映像を見ながら説明した、③事前に説明してから見せた、という3つのグループの中で、いちばん動揺したのは①だったという。人は事前の準備がないまま困難に直面すると、パニックに陥ってしまいやすい。知識や経験はいかなるときでも冷静な判断を助ける大きな力になってくれるのである。

クール・ヘッドとウォーム・ハート

――アルフレッド・マーシャル
（イギリスの経済学者）

冷静な頭脳と温かい心は車の両輪のようなものである。物事の善悪を見極め、的確に対処していくには冷静さが欠かせない。しかし、人間は感情を持った生き物でもある。良好な人間関係を築くためには思いやりややさしさ、あるいは熱い情熱といったものもまた重要な要素だ。両方をバランスよく兼ね備えていたほうが周囲からの信頼は厚くなる。

怒ることを知らないのは愚かである。しかし怒ることを知ってよく忍ぶ者は賢い

――イギリスのことわざ

「勝負に一番影響するのは〝怒〟の顔だ」と言ったのは、棋士の羽生善治である。それだけ怒りをコントロールするのは難しいということだろう。このイギリスのことわざは、怒りはできるだけ腹の中で収めよということ。感情の赴《おもむ》くままに周囲に当たり散らすのは子どものやること。小さな負の要素なら自分の中で消化する術を知るのが大人というものだ。

どうして自分を責めるんですか？
他人がちゃんと必要なときに責めてくれるんだから、
いいじゃないですか？

――アルベルト・アインシュタイン（理論物理学者）

この独特の言い回しは、努力家で有能だった反面、しばしば〝変人〟とも評されたアインシュタインのものである。不安があるとき、人はどうしても自虐的になりがちだ。だが、自己否定の思考パターンは癖になりやすい。少なくとも自分ではどうにもならないことに関しては、開き直ってしまったほうが道が開ける。

寝床につく時に翌朝起きることを楽しみにしている人は幸福である

――カール・ヒルティ（スイスの法学者・哲学者）

「幸福のパラドックス」という言葉がある。「幸せになりたい」と強く望むほどに、幸せは逃げていってしまうという矛盾を表している。手の届かない幸せを求め続けるより、日々の生活に小さな楽しみを見つけ、明日もきっと楽しい1日になるだろうと心待ちにして眠りにつくほうが幸福度は格段に高いはずである。

本人がそれを楽しんでいるかどうかが最高のパフォーマンスをするための重要なカギだ

——シュガーマン博士（スポーツ心理学者）

一流のアスリートほど自分のメンタルをコントロールする能力に長けている。そういう人たちは、ここ一番という大舞台でも楽しみながら最高のパフォーマンスを引き出せるという。しかし、これはアスリートでなくても同じだ。好きこそモノの上手なれではないが、楽しんでやることで自然に上達するものなのである。

レントゲンだってね、ニッコリ笑って写した方がいいの

――寅さん（映画『男はつらいよ　口笛を吹く寅次郎』より）

ご存じ、フーテンの寅さんの名台詞である。寅さんにかかれば、レントゲンも笑えば「明るく撮れる」という。『幸福論』の著者であるフランスの哲学者アランは、「幸福だから笑うのではない。笑うから幸福なのだ」と言った。笑いの効用は侮れないものなのだ。

怒りは自分に盛る毒

——ホピ族の言葉

ホピ族とはアメリカのインディアンの一部族である。日本では他人の不幸に対して「気の毒」という言い回しを使うが、かつては自分に対して向けた言葉だったという。怒りの毒が回れば心が病んでしまう。感情のコントロールが利かないと自覚している人は、肝に銘じておきたい言葉だ。

苦しみが残していったものを味わえ！　苦難もすぎてしまえば甘美だ

――ゲーテ『格言集』
（詩人・劇作家）

何かを成し遂げようと思ったらやはり苦労は避けて通れない。しかし、その苦しみの末に手にしたものは、まさにわが子のように愛おしい。後になって振り返れば、苦しさの中で考えたことこそ、自分に勇気を与えてくれるはずだ。

足ることを知る者は富めり

——老子（古代中国の哲学者）

諦めずに、さらに高所を目指すハングリー精神が人を向上させることもある。ただ、欲求がかなえられなければ、いつまでたっても心は不均衡状態に陥ったままだ。現状に満足できるというのも心の健康を保つうえでは大切なことなのだ。ソクラテスも「満足は天然の富だ」と言っている。自分にできていることは認めて満足し、そこから新たな努力を重ねていけばいい。

悪魔は絵にかかれた姿ほどおそろしくはない

――イタリアのことわざ

まだ起こっていないことをあれこれ想像してしまい、実態のないものに恐怖心を抱いてしまうというようなときに思い出したい言葉。実際に起きてみるとさほどでもなかったということのほうが世の中には多い。想像画はいつも大げさに描かれているものなのだ。

敗北を語るな。希望、信念、信仰、勝利といった言葉を使え

——ノーマン・ヴィンセント・ピール
（アメリカの牧師）

日本には昔から「言霊」という考え方がある。言葉には霊力が宿っているため、何気なく口にしたことがその通りになる。だから言葉は大切にしなければならないという教えだが、このアメリカの牧師もまた言葉の持つ力を信じているようだ。ネガティブなことを口にすると心もそれに支配される。どうせなら、ポジティブな言葉を意識して並べたほうが、未来はずっと明るいものになる。

6 心を強くする

ランプがまだ燃えているうちに、人生を楽しみたまえ。しぼまないうちに、バラの花を摘みたまえ

――マルティン・ウステリ（スイスの詩人）

人生はランプの灯のようにはかなく、いつ枯れるともしれないバラの花のように頼りない。今日は輝かしく美しい人生も、明日には暗闇に包まれた惨めな人生に変わることもある。だからこそ、与えられた今この一瞬を思う存分に謳歌し、後悔のないように楽しんで生きることが大切なのだ。

7　運を引き寄せる

機会はどの場所にもある。釣り糸を垂れて常に用意せよ。釣れまいと思う所に常に魚あり

――オヴィディウス（古代ローマの詩人）

物事をとことんまで突き詰めると、勘の当たりがよくなるような気がする

――小柴昌俊（物理学者・ノーベル物理学賞受賞者）

「勘の当たりがよい」というフレーズからは、棚からぼた餅的な運の要素を感じるかもしれないが、この言葉の重要性は前半にある。つまり、当たりを引き寄せるには、そこに至るまでの積み重ねがモノをいうということ。「勘」を裏打ちするのは、努力と経験なのである。

金というものは一見ムダと思えるところにかけると、回りまわって大きな果実になって戻ってくるものなんですよ

――古川為三郎（ヘラルドグループ創業者）

日本ヘラルド映画を創業した古川為三郎は、自らが居住していた名古屋市や名古屋大学に多額の寄付をしている。この言葉はこうした慈善事業に対する古川の考え方を表したものだ。もちろん、お金に限った話ではない。人生に無駄なことは何ひとつないという姿勢で臨めば、回りまわって大きな果実になって戻ってくるのである。

欲するものがすべて手に入りつつある時は警戒せよ。肥えてゆく豚は幸運なのではない

――ジョウル・チャンドラ・ハリス（アメリカの著作家）

自分が望むものすべてが手に入りつつあるときというのは、人生の絶頂期だ。面白いように事が運び、すべての人から尊敬と羨望のまなざしが向けられる。そして、そのわずかな間に本来の自分を見失ってしまう。ピークの後には必ず下り坂がある。食べたいだけ食べて太った豚がある日、突然市場に売られるように、警戒心を失ったときに人生の下り坂は突然やってくるのだ。

人生には「灰の時」と「炎の時」がある。なすべき何事もない時は、何もすべきではない

——アンリ・ド・レニエ（フランスの詩人・小説家）

何をやってもダメなときはあえて動かないという選択もある。急いては事をし損じるではないが、ここは「流れ」に身を任せながら次のチャンスに備えよう。同じことをデルコンピュータの創業者であるマイケル・デルも「『すること』それを決めることは簡単である。難しいのは『しないこと』を決めることだ」と言っている。

およそ人の行ないには
潮時というものがある。
うまく満潮に乗りさえ
すれば運はひらける

——ウィリアム・シェイクスピア
『ジュリアス・シーザー』
（劇作家・詩人）

人が行動を起こすときには、潮を読むのが重要だというシェイクスピアの言葉。逆に潮目を間違えれば、開かれるはずの運もつかめないということだ。

人、遠き慮りなければ、必ず近き憂いあり

――『論語』

目先の心配事ばかり気にしていたら、いつも考え方や行動がその場限りになってしまい、将来のことまで思い描けなくなってしまう。小さなことにこだわらず、未来を見通せる人でありたい。

運、不運はナイフのようなものだ。その刃を握るか、柄を握るかで、われわれを傷つけたり、役に立ったりする

——ジェームズ・ラッセル・ローウェル（アメリカの詩人）

何かアクシデントに見舞われたとき、それを不運のままで終わらせるか、幸運に変えるかは、その人の考え方や行動にかかっている。起こってしまったことは残念ながら変えることはできない。「運命」という名のナイフはときに残酷だが、その刃を握って自分自身を傷つけるのか、柄を握ってその後の人生を切り開くのかはすべて自分しだいなのだ。

私は大いに運を信じている。そして懸命に働けば働くほど運が増すことを知っている

――トーマス・ジェファーソン（第3代アメリカ合衆国大統領）

運はただぼんやりと待っているだけではやってこない。人生を成功へと導くためには、自らが運をたぐり寄せる必要がある。「懸命に働くこと」も、幸運をたぐり寄せる方法のひとつである。アメリカ独立宣言の起草者の1人であり、第3代アメリカ合衆国大統領にまでなったトーマス・ジェファーソンは、誰よりもそのことを知っていたに違いない。

私は辛抱することによって、不運をまぬかれているのだ。他人と争わざるを得ないときはいつも、私は相手がくたびれるのを待つことにしている

——ジェイ・グールド（アメリカの投機家）

将棋にはじっくりと自陣の守りを固めてから勝負に出る「持久戦」という戦法がある。またサッカーの試合でも、ディフェンスラインを下げて相手の攻め疲れを狙うというのも立派な戦術のひとつである。風向きが悪いと感じたら何も焦ることはない。相手が消耗するのを待つというのもある意味積極的な戦術というわけだ。

思うに幸運というのは、1日に24時間、1週間に7日、仕事に没頭する人々の上にだけ降ってくるのである

――アーマンド・ハマー（アメリカの大富豪・美術品収集家）

実業家でありながら美術品コレクターとしても知られるアーマンド・ハマーは92歳でこの世を去ったが、その死の直前まで世界中をまたにかけて働いていた人物である。オンとオフの切り替えが必要だという考え方もあるが、1日24時間、持てる能力をフルに使って仕事と格闘し続けることで見えるものもあるのである。

一番乗りは牡蠣を得るが、2番目の人は貝殻しか得られない

——アンドリュー・カーネギー（アメリカの鉄鋼王）

世の中は早い者勝ちだ。先行者利益を得るには、二番煎じでは意味がない。しかも、とカーネギーは続ける。「一番確実な方法は、エネルギーのすべてを、特定の分野に注ぎ込むやり方だ」。未知の分野に誰よりも早く参入し、全力を投じることで、その分野の第一人者になれるというわけだ。

この世は井戸のツルベのよう、
一ぱい入ればやがてカラ、
カラッポのほうは一ぱいに

――ユダヤのことわざ

桶が2つぶら下がった井戸のつるべを見たことがあるだろうか。片方の桶で水を引き上げて空っぽにすると、もう片方は井戸の中に落ちていって水を満たす。世の中もそれと同じで、運は誰にも順番に回ってくるのである。

それ自体の不幸なんてない。自ら不幸と思うから不幸になるのだ

——ミハイル・アルツィバーシェフ『サーニン』（ロシアの作家）

アルツィバーシェフは19～20世紀にかけて活躍したロシアの作家で、これは彼の代表的作品『サーニン』に登場する言葉である。コップの水を半分飲んで「まだ半分ある」と思う人もいれば、「もう半分しかない」と嘆く人もいる。このように同じ経験をしても人によって感じ方はさまざまだ。つまり、すべては本人の気の持ちようなのである。何事も前向きに考えれば、不幸は遠ざかっていく。

人生は石材なり。これに神の姿を彫刻するも悪魔の姿を彫刻するも、各人の自由である

——エドマンド・スペンサー（イングランドの詩人）

人生にどんな像を彫刻するかは本人しだいだ。何が起きても、それは神の仕業ではなく自分の責任で考える。運命は自分の手にあるということだ。中国の文学者・林語堂も「私たちの人生は神の手にゆだねられているのではなく料理する人間にゆだねられている」と語っている。

機会は魚群と同じだ。
はまったからといって
網をつくろうとするのでは
間に合わぬ

――岩崎弥太郎（三菱財閥創業者）

チャンスを次々とものにして出世街道を駆け上がる人を見て、「あの人はどうしてチャンスが巡ってくるのがわかるのだろう」とうらやましく思っている人もいるだろう。しかし、彼らにしてもチャンスがいつどこからやってくるのか見えているわけではない。ただ、そのときを逃さないように日頃から準備し、アンテナを張り巡らせているのである。

人間は運命に対して無駄な抵抗をする

——アンリ・ド・レニエ
（フランスの詩人・作家）

強い引き波のことを「離岸流」という。これに巻き込まれた人は、たいてい波に逆らって岸に戻ろうとするが、そうするとますます沖へ流されてしまう。この場合は無理に戻ろうとせず、岸と平行に泳いで引き波から逃れるしかない。フランスの詩人の言葉のように運命にあらがうことが無駄なのであれば、離岸流から逃れるかのごとく、別のルートを模索するのも一案だろう。

どんな小さなことも人間の運命を決定づけてしまう事柄に関わるかもしれないし、「つまらないこと」のなかにこそ神からの贈り物が隠されていることがある

——アンドリュー・カーネギー（アメリカの鉄鋼王）

自分がやりたい仕事ではないと、つまらないと感じてしまう。しかし、つまらないことをやっているときこそ新しい発見ができるチャンスである。それで結果が出れば周囲の評価も上がるはずだ。要は気の持ち方しだいだということである。転職を繰り返したカーネギーはその一つひとつを絶好のチャンスととらえてステップアップしている。

チャンスのドアをノックしていても、ほとんどの人が気づかないのは、チャンスがたいてい作業服を着ていて、骨の折れる仕事のように見えるからだ

――トーマス・エジソン（アメリカの発明家）

人は選択を迫られると、つい楽で簡単に見えるほうを選んでしまいがちだ。だが、多数がこぞって選ぶものにチャンスなどあるはずがない。「骨の折れる仕事のように見える」からといって避けていては、チャンスも一緒に逃げていってしまうのだ。

人生が自分に配ったカードは、ただ受け入れるしかない。しかし、手もとに来たカードの使い方を決め、勝機をつかむのは自分自身である

——ヴォルテール（フランスの哲学者）

人は与えられた運命をただ受け入れることしかできない。だが、どのような態度で受け入れるかによって、その後の人生を変えることができる。辛い運命をただ「不幸だ」と嘆いているだけでは事態は何も変わらない。その運命をあえて正面から引き受け、乗り越えていこうとする態度にこそ、その後の人生を変える勝機が隠されている。

8 自分をつくる

疑わしいことを問うのを恥じるな。過ちを正されるのを恥じるな

――エラスムス（オランダの人文学者）

私たちは三つの教育を受ける。ひとつは両親から。もうひとつは校長から。そして残りのひとつは社会から教えられる。そして、この三番目は、初めの二つの教えにすべて矛盾するものである

——モンテスキュー（フランスの啓蒙思想家）

社会人になると、家庭や学校で教えられてきたことが社会では通用せずに驚く人は多いだろう。それまで描いていた夢や理想が打ち砕かれ、現実の厳しさに「こんなはずではなかった」と衝撃を受けるのだ。18世紀のモンテスキューの時代からの変わらぬ至言である。

未熟なうちは成長する。成熟すれば、あとは衰えるだけだ

――レイ・クロック（マクドナルド創業者）

「未熟」と聞けばマイナスなイメージを抱きがちだが、たしかに「成熟」より未熟なほうが伸びしろはある。ウォルト・ディズニーも同じような言葉を残した。「ディズニーランドはいつまでも未完成である。現状維持では後退するばかりだ」。成熟すればあとは現状維持するしかない。だから、未熟であることはむしろ強みだと思えばいいのだ。

卒業証書を捨てよ

——出光佐三（出光興産創業者）

出光興産の創業者である出光佐三の言葉。社会に出たら、学生時代に積み重ねたことはいったんリセットすべきである。「卒業証書を捨て」て、一からスタートするくらいの気持ちで臨むほうが大事を成すことができる。

成功を奏するとどめの一撃などない。小さなステップの積み重ねだ

——ピーター・A・コーエン
（シェアソン・リーマン・ブラザーズ元会長）

成功に一発逆転の決め手はない。コツコツと地味な努力を重ねていくことこそが、いちばんの近道だ。さまざまな情報を収集し、細かく分析することで情報コンサルタントとしての名声を得たコーエンはそれをよくわかっていたのだろう。発明王のエジソンも「天才とは、1％のインスピレーションと99％の努力でつくられる」と語っている。

成長していないなら、死にかけているんだ

――ウォルト・ディズニー（ウォルト・ディズニー・カンパニー創業者）

これはまだ26歳だったディズニーが発した言葉だ。当時、会社は苦境にあったものの、けっして諦めなかったことでミッキーマウスというキャラクターが生まれたわけである。彼はまた「会社を足踏み状態にしておきたくないのです。我々が今まで繁栄してきたのは、リスクを承知で常に新しいものを試みてきたからです」とも語っている。現状維持に甘んじることなく、前を向いて歩いてきた彼ならではの信念が感じられる。

君の心の庭に忍耐を植えよ、その根は苦くともその実は甘い

——ジェーン・オースティン（イギリスの小説家）

種を蒔いてすぐに収穫できる実はない。その間には水や肥料をやったり雑草を抜いたりと手間もかかる。だが、そのおかげで実はおいしくなるし、収穫したときの喜びも大きくなる。人間もまた同じである。ベンジャミン・フランクリンは「忍耐をもつことができる人は、欲しい物を手に入れることができる人である」と言っている。つらい、不本意だと思ったときに、耐えるというのもひとつの方法なのだ。

あなたが、
ほかの人々に求める変化を
自分で行いなさい

——マハトマ・ガンジー
（政治家・思想家）

他人を思い通りに動かすのは難しい。ゲーテは「人々が自分に調和してくれるように望むのは非常に愚かだ」とまで言い切った。一方、人は自分にしてくれたのと同じだけのことを相手に返そうとする。自分が変わってこそ他人を変えることができるのだ。

毎日、自分の嫌いなことを二つずつ行うのは、魂のためによいことだ

——サマセット・モーム
（イギリスの小説家・劇作家）

このフレーズのポイントは「魂のためによい」という部分にある。嫌なことや苦手なことは避けて通りたいものだ。だが、あえて困難なことに立ち向かっていけば、それが精神的な強さを養う糧となる。苦手なものが克服できたときには充実感も増すはずだ。苦手だけれど自分のプラスになるようなものにチャレンジするといい。

最初に人が習慣をつくり、それから習慣が人をつくる

――ジョン・ドライデン
（イギリスの詩人・劇作家）

ちょっとしたことでもいいので、それまでの習慣を変えてみると自分が大きく成長することがある。たとえば、遅刻が多い人は約束の時間の5分前に着くことを心がけて行動してみよう。そのうちにそれが当たり前の習慣になり、いつしか時間に正確な人間になっているはずだ。習慣の変化は自分の意識改革につながっていくのである。

光るもの必ずしも金ではない

――英米のことわざ

美人、金持ち、有名人……と、人の注目を集める人というのはどこかキラキラと輝いて見える。だが、その輝きがすべて本物かどうかはわからない。外から見える部分だけで判断せず、物事の本質を見極めたい。

野心は、それ自身では悪徳だろうが、しばしばそこからいろいろな徳が生まれる

――クインティリアヌス『弁論術教程』（古代ローマの修辞学者）

身の程《ほど》をわきまえないような大きな望みを野心といい、あまりいい意味では使われない場合が多い。ただ、望みや目標が人にとって活力になることも確かである。そこへ達しようと努力を積み重ね、大胆にチャレンジしていくのはけっして悪いことではない。その過程でどれだけ自分が成長できるかが大事なのである。

人々はみな有用なものが役にたつとはわかっていても、無用なものが役にたつことをしらない

——荘子（古代中国の思想家）

「無用の用」という言葉に凝縮された荘子の思想だ。一見、地味で役に立たないと思われているものが、実は重要な役割を果たしているということは少なくない。自分の思いこみで軽々しく評価をくだすのは禁物だ。

自分が賢者だと思っている者には、そのすぐそばに愚者が隣り合わせている

――フライダンク『分別集』

自己評価が高い人ほど足をすくわれる、とこの金言集を著したドイツの詩人は言う。とりわけ物事がうまくいっているときは、誰でも自分の能力を過信してしまうものだ。しかし、そういうときほど自分の中の「愚者」が背後に忍び寄っているのである。

たくさん持ちすぎていることは、足りないのと同じだ

――アラブのことわざ

『論語』の中にも「過ぎたるは猶及ばざるが如し」という言葉がある。度を越してしまったものは、そこに達していないのと同じだという意味だ。たとえば大量に情報収集したとしても、あまりに多すぎてはどれを選べばいいのかわからず、結局は使えないことになってしまう。自分にとって何が必要なのか、選別する目を養いたい。

不必要なものを買えば必要なものを売るようになる

――ベンジャミン・フランクリン
（アメリカの政治家）

消費社会の贅沢をいさめたアメリカの政治家ベンジャミン・フランクリンの名言だ。さまざまなものに埋もれるように暮らしていると、自分にとって本当に必要なものが何かがわからなくなってしまう。それは、情報や人間関係にも通ずるところがある。いつの間にか自分の周りにあるのはガラクタだけだったということがないようにしたい。

善行は砂に書かれる。悪行は岩に彫りつけられる

――ポーランドのことわざ

どんなにいい行いをしてもそれほど他人の記憶には残らないが、悪いことをするとしっかりと周囲の記憶に刻み込まれてしまう。「あの人は昔、こんな悪いことをした」と一度レッテルを貼られると、それをはがすのは難しい。もちろん、他人からそういう目で見られていると思うと、ネガティブな生き方しかできなくなってしまうだろう。

私はいつも自分のできないことをしている。そうすればできるようになるからだ

――パブロ・ピカソ（画家）

苦手な分野や自分の能力を超える仕事を任されたとき、できないと断るのは簡単だ。だが、無理だと思っていたことができたときには逆にそれが新たな強みになっていく。何にでもチャレンジするほうが自分の可能性を広げていけるのだ。

ほとんどすべての愚かな行為は、似ても似つかぬ人たちを真似しようとするところから生まれてくる

——サミュエル・ジョンソン（イギリスの文学者）

目標とする人を徹底的に真似ているうちに、やがて自分なりのやり方が生まれて、それがオリジナルになることはよくある。だが、それは目標とする人と同じフィールドに立っているからこそできることであり、まったく別世界に生きているのに小手先だけを真似しようとするのは愚かな行為だ。時間を無駄にするだけである。

若い人に覚えておいてもらいたいのは、「決して時計を見るな」ということだ

――トーマス・エジソン（アメリカの発明家）

人間はヒマなときほど時計を見る。この言葉は、「時計を見てしまうほどの退屈な仕事をするな、夢中になれる仕事をしろ」という発明王エジソンからのメッセージだ。生涯に１３００以上もの特許を取得したエジソンは、時間の流れなど気にもならなかったに違いない。

道は近しといえども、行かざれば至らず。事は小なりといえども、為さざれば成らず

——荀子(古代中国の思想家・儒学者)

いつも締め切りギリギリにならないと腰が上がらないという人は、心理学的には「自信家」に分類されるのだという。自信家であるほど「あんなの簡単だからいつでもできる」となかなか手をつけないからだ。だが、どんなに些細なことでもまず最初の一歩を踏み出さなければいつまでたっても事は成し遂げられない。どんなに優秀な人でも、「いつでもできる」と タカをくっていたら、ペースは遅くとも確実に前進する努力家にいつの間にか大きな差を開けられてしまうのだ。

脱皮できない蛇は滅びる

――フリードリヒ・ニーチェ
（ドイツの哲学者）

かつての成功体験にしがみついて自分を変えようとしなかったら、そのうちに成長は止まってしまい、自分を必要としてくれる場所もなくなってしまう。そうならないためには、今の自分からの脱皮を図ることだ。変わることを恐れていては何も始まらない。

ゆっくり急げ

――アウグストゥス
（ローマ帝国の初代皇帝）

ローマの内乱を終結させ、ローマ帝国初代皇帝となったアウグストゥスの言葉だとされる。「ゆっくり」と「急げ」は相反するようにも思えるが、急を要するときにこそ用心深く慎重に事を進める必要があるということだ。いい結果にたどり着くためには、回り道をするのが一番の近道になることもある。

知識はすぐにやってくるが、知恵はなかなか手間どる

——アルフレッド・テニスン
『ロックスレー・ホール』(詩人)

知識と知恵は似ているようでまったく違う。知識は自分の頭にインプットする情報だが、知恵は物事を総合的にとらえ、正しく処理する能力だ。だからこそ、知恵を身につけるのは手間どる。17世紀のフランスの数学者パスカルも「知恵は知識にまさる」と言っているのはそのためだ。

自分で薪を割れ、二重に温まる

——ヘンリー・フォード
（フォード・モーター創業者）

寒いときは自分で薪《まき》を割れば体温も上がるし、割った薪の火で体を温められる。自ら率先してやっかいごとを引き受ければ労力を使うが、その過程を経ることでしか得られない貴重な経験と結果が待っている。自分の成長にもつながるというものだ。見習い機械工から、世界有数の自動車会社フォード・モーターの創業者となったヘンリー・フォードならではの至言である。

一日練習を休むと自分でわかる。二日休むと批評家にわかる。三日休むと聴衆にわかってしまう

――イグナツィ・パデレフスキ（ポーランドのピアニスト・元首相）

逆に解釈すれば、3日目までは聴衆をだますことができるが、自分だけは1日たりともだますことができないということだ。怠けた事実をわかっていながら、だましだまし仕事をしてもいい結果など得られるはずもない。ピアニストから首相に転身し、国民というより多くの聴衆を持つようになったイグナツィ・パデレフスキは誰よりもそのことを痛感したに違いない。

狭い門から入りなさい。滅びに通じる門は広く、その道も広々として、そこから入るものが多い

——新約聖書「マタイによる福音書」

広々とした歩きやすい道と、狭く険しい道があったとすれば、広くて楽な道を選ぶ人が圧倒的に多いだろう。しかし、イエス・キリストは、あえて苦難の多い道を行くようにと説く。楽な選択をして苦しまないようにすることは簡単だが、それが後にいい「結果」に結びつくことはまずないのである。

失敗をしない人間は、多くの知っておくべきことを知る機会を失う

——ジョン・ワナメイカー（アメリカの実業家）

「失敗は成功の母」などというが、失敗の数は挑戦の数だと思えばそんなに落ち込むことはない。失敗はしないよりも、して得るもののほうが大きい。ただ、そこで学び、きちんと次につなげられるか。それができて初めて「成功の母」となるのである。

富める人が、その富を自慢しても、彼がその富をいかに使うかがわかるまで彼をほめてはならぬ

――ソクラテス（古代ギリシアの哲学者）

お金は大切なものだが、重要なのはお金を持っていることではなく、その「使い方」にある。お金に固執すれば、いくら富んでいても周囲からは蔑《さげす》まれるだけだ。しかし、世のため人のために有益に使えば、尊敬や人望という目には見えない豊かな富を築くことができる。

あえて馬鹿に見せるということは大きな知恵である。だが、そのためにはわたしにはいつも欠けていた、ある種の勇気を必要とする

――アンドレ・ジッド（フランスの小説家）

知識や才能があると、ついそれをひけらかしてしまいたくなるのが人間の悲しい性だ。だが、有能だけれどちょっと抜けたところもあるくらいのほうが、人は親しみを持ってくれたりする。昔から「能ある鷹は爪を隠す」というが、人生で成功する秘訣は「スキがあって抜けているように見えて、その実、頭にキレがなければならない」（モンテスキュー）ことかもしれない。世の中をうまく渡っていくための渡世術のひとつだ。

知恵に近づくには、まずは沈黙し、次に相手の話に耳を傾け、第二にそれを自分の中で吸収し、第四にそれを実践に移し、最後は人に教えてみることだ

――ソロモン・イブン・ガビロル（詩人・哲学者）

この言葉は11世紀のスペインの哲学者による、いってみれば〝知恵者になる方法〟である。ポイントは最後の「人に教えてみる」というところだ。その知識が自分のものになっているのか、ただの聞きかじりで終わっているのかは自分では判断できない。第三者にその知識を披露して、相手の疑問や問いかけにすべて回答できるかどうかを確認するのがいちばん手っ取り早いのである。

この世で変化ほど不変に存在するものはない

――ジョナサン・スウィフト
『精神の働きについての小論』
（作家・随筆家）

不変とは「変わらないこと」だが、この世に変わらないものなど何もない。ただ唯一、「変化する」ことだけはいつの世も変わらず存在する。良く変わることも、悪く変わることも、無意味に変わることもあるが、いずれにしても変わるものなのだから、どう変化するかを見極めて、自分の進むべき道を考えたい。

知識への投資は常に最高の利息がついてくる

――ベンジャミン・フランクリン
（アメリカの政治家）

この言葉を残したのは、アメリカの独立に大きく貢献したベンジャミン・フランクリンだ。彼は政治家でありながら物理学や気象学にも精通する知識人でもあった。自身の生き方そのもので、この言葉を証明したといっていいだろう。知識への投資に損はない。それればかりか利息がついてくる。その最たるものが、自分自身の価値を高めるという利息なのだ。

いつも同じ行為を反復していて、嫌気のささない者は幸せである。われわれが在るもので満足しているというのは、よほど愚鈍な、しみったれた愚見をもっているにちがいない

――モーパッサン『水の上』(フランスの作家)

フランスの作家の言葉は、人間の満足というものに対するハードルの低さを嘆いたものだ。発明王のエジソンも「完全に満足しきった者がいたら、それは落伍者だ」という言葉を残している。人によっては、平穏で今ある暮らしで満足しているという意見もあるだろう。だが、より高みを目指すのであれば人間はもっと貪欲で利己的であってもいい、ということだ。

年を重ねただけでは人は老いない。理想を失うとき初めて老いる

――サミュエル・ウルマン（アメリカの詩人）

現代は60歳を迎えても若々しく、理想に燃え続ける〝現役〟も多い。逆に、20代の若者であっても夢がなく、精神的に老化している人も少なくない。「老い」とは、肉体の衰えや見た目、年齢の問題ではない。いくつになっても理想を追って走り続けている人は、永遠の若者なのである。

幸福を手に入れる唯一の方法は、幸福以外の何かほかの事を人生の目的とすることである

――ジョン・スチュアート・ミル（イギリスの経済学者）

幸福とは、何かを成し遂げたことの結果として気がつけば与えられているものである。むやみに追い求めても、けっして手に入らない。だから、幸福になりたい人は、まず幸福の追求をやめることだ。そして、人生の目的を定めて無我夢中に取り組んでいくといい。我を忘れて目的を達成していくなかで、いつしか自然と幸福を感じている自分に気づくはずである。

もともと地上に道はない。歩く人が多くなれば、それが道となるのだ

——魯迅『故郷』（作家・思想家）

未知の領域に踏み込むのを恐れるのはもったいないことだ。今は誰からも評価されていなくても、それが正しいことであれば後から人がついてきてスタンダードになる。『トム・ソーヤの冒険』の作者、マーク・トウェインも「新しいものを考えた人も、それが成功するまでただの変人に過ぎない」と言っている。自分を信じて前進あるのみだ。

出ずる月を待つべし。散る花をおうことなかれ

――中根東里（儒学者）

江戸時代の儒学者である中根東里が過去を「散る花」にたとえているように、昔のことは引きずらないようにしたい。それが栄光であっても失敗であったとしても、過去にとらわれることにいいことはひとつもないからだ。未来に大きな期待を抱いて「出ずる月」を待とう。

無知を恐るるなかれ、偽りの知識を恐れよ

——ブレーズ・パスカル
（フランスの哲学者・数学者）

大人になって無知をさらすことは、それなりに勇気がいる。しかし、パスカルが指摘するように、誤った知識を持つほうがよほど問題だ。文豪トルストイは「我々が何も知らないということが、唯一我々が知り得ることだ」と説いている。知らないことが前提だと割り切れば、無知を隠して知ったかぶりをすることのほうがむしろ不自然に思えてくる。

習慣は第2の天性となり、天性に10倍する力を有する

――ウェリントン・アーサー・ウェルズリー
（イギリスの軍人・政治家）

人は皆、生まれながらにして天性が備わっているというが、それとは別に生まれてから身につけた習慣がある。ウェリントンは、それを〝第2の天性〟と呼ぶ。子どもの頃から自然に身についた考え方や立ち居振る舞いなどの習慣によって人生は大きく左右されるのだ。

9　リーダーの器を知る

俺はコートに入ったら、「俺」ではなく「俺たち」と考えるようにしている

——マジック・ジョンソン（元プロバスケットボール選手）

組織は、トップだけでなく全階層にすぐれたリーダーがいると、勝者になる

――ノール・M・ティシー（ミシガン大学ビジネススクール教授）

「アメーバー経営」で有名な京セラでは、企業内の各部門が経営理念と採算管理を行っている。それによって、全社員が主役となって仕事ができるだけでなく、トップの共同経営者がどんどん増えていく。会社をよくするために知恵を絞る経営者が増えれば増えるほど、会社は強くなっていくのだ。

一生の間、ずっとそうだった。問題を見つけ、できるだけうまく解決し、あとは優秀な連中に処理を任せ、次の問題へと進んでいく

――ジョン・D・ロックフェラー（スタンダード・オイル創業者）

できる人間ほど他人を信頼することができるということがストレートに伝わってくる石油王の言葉だ。戦国武将の中でとりわけ統率力が評価された武田信玄にも、個性に富んだ武田二十四将なる家臣たちがいたという。逆にいえば、器の大きい人物の周囲には優秀な人材が集まるということでもある。

何かをさせようと思ったらいちばん忙しいヤツにやらせろ。それが事を的確にすませる方法だ

――ナポレオン・ボナパルト（フランスの皇帝）

自分が関わる仕事は、なるべくならできる人と組みたいというのが本音だろう。そうすると、できる人には自ずと仕事が集まり忙しくなる。ナポレオンが発した言葉は、それを逆説的に表したものである。つまり、忙しいのは信頼の証ということだ。

□■

私は謀をめぐらすことは張良にかなわない。国を治め、兵糧を供給することは蕭何におよばない。百万の兵を率い勝利をおさめることは韓信におとるだろう。しかし、この三人にそれぞれ得意のところを発揮して、よく働いてもらった。私が項羽に勝てた鍵はこれである

■□

――司馬遷『史記』（前漢の歴史家）

この言葉の冒頭の「私」とは、紀元前206年の古代中国において、ライバルの項羽《こうう》を破り前漢を打ち立てた劉邦《りゅうほう》である。張良《ちょうりょう》、蕭何《しょうか》、韓信《かんしん》はその建国に貢献した功労者で、いわば劉邦の有能なブレーンだ。後世に伝わる劉邦の人物像は、己を知り、組織を重んじるタイプだったという。自分のほうが部下より優れていなければ気がすまないリーダーでは人はついてこない。それぞれがもっとも力を発揮しやすいように組織をつくる。人の上に立ったときは思い出したい劉邦の台詞である。

リーダーシップは人気コンテストとは異なる

――マーシャル・ゴールドスミス（経営コンサルタント）

他人に嫌われたくないと考えるリーダーは真のリーダーとはいえない。周囲が反対するような決断をせざるを得ないとき、その判断を誤るのは火を見るより明らかだ。ある方向に進むべきだと考えたら、嫌われようが邪魔をされようが突き進む。反対する人を無視するというのではない。なぜ、自分はそうすべきだと考えるのか、それによって、どんな未来が切り開かれるのか、真摯に向き合って説得する。対立を乗り越えたところにリーダーシップは育まれるものなのだ。

私の成功や失敗に、最終的に責任を持つのは私だ

――ルパート・マードック
（ニューズ・コーポレーション会長兼ＣＥＯ）

ルパート・マードックはジャーナリストだった父の跡を継ぎ、幾多の買収や債務整理を経て、ついには世界のメディア王と呼ばれるまでにのし上がった人物である。もし、自分が最終責任者ではなかったとしても、覚悟として、あるいは気構えとして「最終的に責任をとるのは私」だと言えるようにしておきたい。

無駄金も使うだろう。期限も遅れるだろう。そんなことは当たり前だから気にするな。ビクビクせずに思い切ってやれ

――大屋晋三（元帝人社長）

とある有名企業のトップは「会社は社員のモチベーションがすべて」だと語っているが、テトロンを導入し、業績が悪化していた帝人をみごと甦らせた大屋晋三の言葉は、まさに部下を奮い立たせるのに十分だったのではないだろうか。部下にしてみれば、これほど士気が上がる発破のかけ方はないだろう。現場部隊のモチベーションが大事だというならば、指揮官はいかにしてその気にさせるかが重要なのである。

リーダーは首尾一貫した態度をとらなければならない。だが、本心はそうでなくてもよい

――ジェームズ・キャラハン（イギリスの政治家）

本音と建前を使い分ける機会が多いであろう、政治家らしい言葉である。だが、ここで言いたいのは、顔が笑っていれば心の中で舌を出してもいいというレベルの話ではない。上に立つ者は、態度に矛盾が生じてはいけないということだ。たとえ心の中で感情的な部分があったとしても、態度は一貫していなくてはならない。そうでなければ部下の信頼を失うだけだろう。

部下指導のコツは、「五たい」を汲み取ること

——後藤清一（三洋電機元副社長）

後藤清一は、三洋電機創業の功労者のひとりである。「五たい」とは①関心を持たれたい②理解されたい③認められたい④信頼されたい⑤かわいがられたいという、部下が抱くであろう5つの心理的欲求を指している。個々の性格に応じてこの5つのパターンを使い分けられれば、部下の扱いに悩むこともない。人心掌握術に長けた先輩からの、今すぐ使えるアドバイスである。

頂上であって同時に崖っぷちなんだよ

――千代の富士（元大相撲力士）

負けが続けば引退しかない横綱という地位に上り詰めた、元横綱千代の富士の名言である。しかし、このような心構えは横綱に限らず誰にでも必要だ。山登りでも頂上まで行けば、あとは下るしか道がないように、トップの座に就くということはけっして安泰ではない。頂点にいるときこそ危機感を持つことが必要なのだ。

ミスを犯した選手には明日がある。しかし、ミスを犯した指揮官には明日はない

――上田利治（元プロ野球監督）

リーダーの責任をシビアな言葉で表したのは、元阪急ブレーブスを何度も優勝に導いた上田利治元監督である。もちろん、ミス＝即クビということは実際には少ないだろう。だが、そのくらいの覚悟と責任感を持たなくてはリーダーは務まらないということである。子が親の背中を見て育つように、部下もリーダーの背中を見て動くのだ。

組織の中で出世するコツは、順応性と適応性にある。つまり、部下であるときは上官の意図に順応し、上官になったときは部下に適応することである

——ドワイト・D・アイゼンハワー（第34代アメリカ合衆国大統領）

第34代アメリカ大統領の、自らの経験による処世術である。言い方を変えれば、部下は上司の要求に柔軟に応え、上司になったら部下の能力や置かれている状況を見極めて距離をはかる、というニュアンスであろう。順応と適応に共通する「応」には能動的な意味がある。立場がどうであれ、動くときは自ら動く。それが一目置かれる組織人のあり方だ。

仕事を追え、仕事に追われるな

――ベンジャミン・フランクリン
（アメリカの政治家）

仕事に追われて、とにかく終わらせることだけに必死になっているうちは、本当の仕事の楽しさはわからない。だが、そんながむしゃらな時期を越えるといつしか仕事を追う立場になる。自分の仕事を追える日のために今日を有効に使いたい。

危機を目前にすると、気骨ある人は自分を拠点にして戦う

――シャルル・ド・ゴール（フランスの政治家）

ピンチのときこそ、その人の真価が問われる。とくにリーダーの立場にある人が、ピンチを前にして逃げることは致命傷になる。及び腰になったり責任を他者に押しつけたりする人物に、誰がついていきたいと思うだろう。全責任は自分が負うというくらいの気概を持って臨むというのが、今も昔もリーダーの条件なのだ。

すぐれたリーダーシップは、感情のレベルに働きかけるものなのだ

――ダニエル・ゴールマン（心理学者）

ゴールマンはEQ、つまり心の知的レベルといったものを重視した。天下統一を成し遂げた豊臣秀吉は、人たらしと呼ばれるほど人心掌握術に長けていた。また、鉄鋼王カーネギーは合併した会社には必ず相手の会社名をつけて抵抗感を和らげたという。人の気持ちを汲み取り、共感を得ることは信頼関係を築くうえで重要なポイントなのである。

リーダーシップとは、どんなに悪いニュースであっても、最終的にはいい結果になるだろう、と人々を納得させられる能力である

——ロバート・ホートン（ブリティッシュ・ペトロリアム・アメリカ元会長）

ビジネス書にはよく「優れたリーダーの条件とは？」などといったことが書かれているが、周囲の人に安心感を与えることは大事な条件のひとつだ。自信を持ってこの道をいけばいいと示せるなら、周りも安心して仕事に熱中することができる。ナポレオンが残した「リーダーとは、『希望を配る人』のことだ」という言葉も、それを端的に表しているといえるだろう。

中間管理職と真のリーダーシップの微妙な半歩の違いは、プレッシャーの下で優雅さを保てるかどうかだろう

——ジョン・F・ケネディ（第35代アメリカ合衆国大統領）

真のリーダーは小さなことに一喜一憂したり、怒りをあらわにすることはない。水面下では沈まないように必死に足を動かしながら、ゆったりと浮かんでいるように見える白鳥のように、どんなにピンチのときでも心の動揺を悟られてはいけない。中間管理職こそ胸に刻んでおきたい言葉だ。

幹部の権威をつけるための最良の方法は、部下が困っている仕事を解決してやることである

――オノレ・ド・バルザック（フランスの小説家）

部下が困っているとき、「こんなこともできないのか！」と叱責するのは逆効果だ。その部下は萎縮してしまうか、上司に反感を持つだけだろう。悩みには手を差し伸べて解決に導いてやり、仕事を進めやすい環境を整えることも上司の仕事である。寛容な上司の姿は頼もしく見え、信頼も厚くなるはずだ。

一頭の羊に率いられた百頭の狼群は、一頭の狼に率いられた羊群に敗れる

――ナポレオン・ボナパルト
（フランスの皇帝）

組織の中では、リーダーはドライバーのようなものである。いくらすばらしい性能を持った車でも、乗り手に危険を察知する能力や冷静さが欠けていたら必ず事故は起こる。同じようにいくら優秀な人材が揃っている組織でも、リーダーに力量がなければ勝てる戦いも逃してしまう。ナポレオンは常にリーダーには厳しく、「悪い連隊はない。悪い大佐がいるだけだ。ただちに大佐のクビを切れ」という言葉も残している。

状況がタフ（困難）になると、タフ（強い）な者が道を切り開く

――ケネディ家の家訓

ジョン・F・ケネディをはじめ、著名な政治家や実業家を輩出したアメリカの名門ケネディ家の家訓である。夢や目標は高ければ高いほど、困難がつきまとうものだ。そうしたハードな状況を切り開いていくために必要なのは、いかなる優れた才能でもない。何があってもめげない精神的・肉体的な強さなのである。

はじめに適切な人をバスに乗せ、その後にどこに行くかを決める

――ジェームズ・C・コリンズ（アメリカの経営学者）

チームで何かに取り組むときには人選が大事だ。つい優秀な人物かどうかを重視してしまうが、うまく進めていくには同じビジョンを共有できるか、その仕事に向いているかなどの資質が大事なポイントとなる。財界人のロックフェラーは年功序列を嫌い、年齢にかかわらず最適だと思われる人物を登用した。適材適所ができてこそ、その才能も活きてくる。

選手を掌握すると言っても、虎を飼いならして羊にしてしまったのではどうにもならない。虎は虎として十分に働いてもらわんといかんというのが、勝負の世界を勝ち抜く管理者の要諦ですな

――三原脩（元プロ野球監督）

三原脩《おさむ》はその奇策の数々で名勝負を演出し「魔術師」などと形容されていたが、その裏では選手の自主性を重んじ、また彼らの調子を細かく観察していた名監督だ。個性を尊重しながら適材適所で登用する。それが上に立つ者にとって必要な心構えなのである。

平凡な教師は言って聞かせる。
良い教師は説明する。
優秀な教師はやってみせる。
しかし最高の教師は子どもの心に火をつける

――ウィリアム・ウォード（教育学者）

これは企業にも当てはまる。優秀な人材が育つ会社というのは、やはり心に火をつけるリーダーがいて、社員の積極性を重んじる社風がある。人を動かすためには、結局、本人のやる気を引き出すことがベストの方法なのだ。

リーダーシップは水泳に似ている。それを本から学ぶことはできないのだ

——ヘンリー・ミンツバーグ（経営学者）

スキルの中には本やマニュアルを読むことで習得できるものと、そうでないものがある。たとえばビジネス書にあるリーダーの心得を読み込んだとしても、現実は一筋縄ではいかない。なぜならリーダーシップとは、相手との関係があってのものだからだ。カナダの経営学者は水泳を引き合いに出したが、あくまで実地の中で習得していくしかないのである。

形直くして影曲らず

——列子（古代中国の思想家）

後輩や部下を育てる立場になったときや親になったときに、自分は先を生きる者としてどのような存在であればいいのか迷うことがある。古代中国に生きた思想家のひとりである列子は、「まっすぐであれ」と説いている。形が歪まずに真っ直ぐならば、その影も曲がることはない。きちんと正しい影響を与えることができるのだ。

10　思考力をモノにする

二人は昼も夜も聖書を読んだ。
だが私が白と読んだところを
あなたは黒と読んだ

――ウィリアム・ブレイク（イギリスの詩人・画家）

「効率」という言葉はよくない。「創造性」という言葉を使うべきだ

――ジャック・ウェルチ
（ゼネラル・エレクトリック元CEO）

今の世の中は何でも効率化が求められる。だが、当然その弊害がないわけではない。たとえば人間関係に効率化を求めれば、関係が悪化するのは目に見えている。そこで、伝説の企業家が持ち出したのが「創造性」という言葉だ。そつなくこなすことを目的とするなら機械と同じである。そこにクリエイティブな感性を発揮してこそ、人間なのである。

2年たったら再検討せよ。5年続いたら疑え。10年経ったら捨ててしまえ

——A・E・パールマン
（ニューヨーク・セントラル鉄道元社長）

いわば脳内の在庫整理の必要性を唱えたこの言葉は、財政難に陥った鉄道会社の社長に就任し、経営統合などによってよみがえらせたパールマンが発したものだ。どんなにいいアイデアも、時代が変われば使えなくなることがある。定期的なメンテナンスを行い、アイデアをふるいにかけることでよりよい打開策が見つかるのである。

かけがえのない人間になるためには、つねに他人と違っていなければならない

――ココ・シャネル（ファッションデザイナー）

近年、もっとも個性的なアーティストのひとりといえばレディーガガだ。彼女は学生時代、周りがみんな「Googleで働きたい」と口にする中、ただひとり「私はGoogleで検索される人になりたい」と夢見ていたという。フランスのファッションデザイナー、ココ・シャネルもまた同じ感覚の持ち主であり、一足先に成功した先駆者といえるだろう。たとえそのときは賛同者がいなくても、かけがえのない個性はやがて武器になる。もっといえば、短所を長所にすることも可能なのだ。

人に魚を与えれば一日で食べてしまうが、人に釣りを教えれば一生食べていける

――老子（古代中国の哲学者）

古代中国の哲学者・老子が発した言葉である。たとえば学校の授業でも、教えるのが上手な先生は正解そのものではなく、問題の解き方や考え方をきっちり教えるものだ。「教える」ということの本質をついた名言だ。

頭を回転させて考えを整理したいとき、文字にしてみることほど効果的な方法はない

——ウォーレン・バフェット（投資家・経営者）

人間はいつも脳内で何か物事を考えている。しかし、脳は整理整頓が意外と苦手で、小さな考えやアイデアは脳の中をあいまいに浮遊している。そこで、アメリカの伝説的投資家ウォーレン・バフェットのこの言葉だ。考えを文字にするのは、いわば脳の整理整頓である。書き出すことで「この手があったか！」となるケースも少なくないのである。

大切なことは質問をやめないことだ。好奇心こそ我々の存在を示すものなのだ

——アルベルト・アインシュタイン（理論物理学者）

言葉を覚えたばかりの幼児は、毎日が「なぜ？」「どうして？」の連続だ。しかし、大人になるにしたがって質問することが減っていき、やがて質問をやめてしまう。しかし、アインシュタインは大人になってからも「なぜ？」「どうして？」を繰り返したのだろう。自分の好奇心に誠実であることが、人類史に残る偉大な研究の出発点だった。

賢者は自らチャンスを創りだす。見つかるまで待つことは少ない

――フランシス・ベーコン（イギリスの哲学者・政治家）

これは賢者に限らず、万人に当てはまる言葉だろう。ビジネスの場でもじっと待っているだけでは、チャンスはやってきてはくれない。たとえば、一介の給仕からニュージャージー・スタンダード石油（現エクソンモービル）の社長にまで上り詰めたベッドフォードは、与えられた仕事が終わるとすぐに次の仕事はないかと探したという。それが認められてステップアップしていったのだ。積極的な姿勢こそが次のチャンスを生み出していくのである。

自分の作品で最高傑作はどれか、と聞かれたときの答え。

Next One（次回作だよ）

——チャールズ・チャップリン（イギリスの俳優・監督）

歴史に残る数々の名作を残したにもかかわらず、それに奢《おご》ることのなかったチャップリン。自分の「今」に満足することなく、常に希望と信念を持ち続ける姿勢が、未来を切り開く力になる。

海のほか何も見えないときに、陸地がないと考えるのは、決してすぐれた探検家ではない

——フランシス・ベーコン『学問の進歩』（哲学者・政治家）

努力していてもなかなか成果が表れず、迷ったり悩んだりすることがある。そんなときに思い出したい言葉だ。もう少し進んでいけば陸地が現れるかもしれないし、方向を変えたらそこに新天地があるかもしれない。広い視野と焦らない気持ちを持ち続けることが重要だ。

子どものころ、たくさんの童話を読んだ。それらがいまも私の中で生きている。自分の子どもの部分を失ったら、つまらない

——スティーブン・スピルバーグ（アメリカの映画監督）

発言者はアメリカ映画界の重鎮スティーブン・スピルバーグである。彼が世に送り出した『E.T.』『ジュラシック・パーク』などの作品を観ていれば、この言葉は意外ではない。スピルバーグはたまたま童話を例にとったが、これは子どもの頃の体験すべてから享受し、そして彼の中に内在している感覚だ。

自らが多数の側に回っている覚えがあれば、改善の時と言えよう

——マーク・トウェイン
（アメリカの小説家）

少数派よりも多数派に属しているほうが安心感が増したりするものだ。だが、必ずしも多数派が正しいとは限らないし、同じような考え方の人ばかりが集まっても新しいものは生み出せない。マイノリティ・インフルエンスといって少数が集団に大きな影響を与えることもある。多数派になっていると感じたときには思い切って視点を変えてみたい。ひとつのことだけに固執しない柔軟な発想が大切なのだ。

創造は難しく、模倣はやさしい

――クリストファー・コロンブス
（イタリアの航海者）

アメリカ大陸を発見したコロンブスは、そんなことは誰にでもできると言われ、それなら卵を立ててみろと言い返す。皆ができないでいると、彼は卵の尻をちょっとつぶして立ててみせた。これが「コロンブスの卵」といわれるエピソードだ。簡単そうに見えることでも最初にするのは難しい。それに挑んでいけるのは、勇気や実行力を持った人間だけなのだ。

この世で生き残る生物は、もっとも強い生き物でもなく、もっとも頭の良い生き物でもなく、もっとも変化に対応できる生き物だ

――チャールズ・ダーウィン（イギリスの生物学者）

ダーウィンが「進化論」の中で述べた言葉である。生物の進化について語ったものだが、これは現代社会にも当てはまる。社会が変化していくスピードは速く、それに適応できない者は取り残されてしまう。どんなことが起きても臨機応変に対応していける柔軟性が、世の中を渡っていくうえでは必須の条件なのだ。

□■

自分が出したアイデアを、少なくとも一回は人に笑われるようでなければ、独創的な発想とはいえない

――ビル・ゲイツ（マイクロソフト創業者）

■□

聞けば誰もが納得するような企画を提案する人は、たしかにできる人だ。しかし、誰もが納得できるアイデアというのは押しなべてオーソドックスであり、面白みもなければ世間をあっといわせる斬新さもない。それよりも、一見独りよがりで、非現実的なアイデアこそ世の中を一気に変える力を秘めていたりするものだ。

いかなるひとの知恵も、
そのひとの経験を
こえるものではない

――ジョン・ロック『人間悟性論』（哲学者）

人間は自分が知っている範囲の中でしか発想できない。17世紀後半に20年をかけて『人間悟性論』を書き上げたイギリスの哲学者ジョン・ロックは、人間の知識について研究を重ねてこの境地にたどり着いた。豊かな発想力を身につけたかったら外へ出よう。歩き、話し、聴き、味わい、皮膚で感じれば、感性はおのずと高まっていくはずだ。

想像力は、知識より
もっと大切である

——アルベルト・アインシュタイン
（理論物理学者）

知識はひとつ、ふたつと足し算で増えていくが、想像力は知識を増やすごとに倍々ゲームで増えていく。かのフランスの皇帝ナポレオンも「想像こそ世界を制す」と言っている。

人を判断する時は、その人が何を答えるかではなく、何を問うかで判断せよ

――ヴォルテール（フランスの哲学者）

人間の厚みは、その人の思考の深さに表れる。思いもつかなかった視点で質問を返してくるような人ならそれは柔軟な思考の持ち主だ。一緒にいれば間違いなくいい刺激を与えてくれるだろう。

二人の人間が同じ場所から眺めている。一人は泥土を。もう一人は星を

――フレデリック・ラングブリッジ『楽観と悲観』（作家）

同じ立ち位置でもちょっと目線を変えるだけで、世界は変わって見えるものだ。仕事や人間関係で落ち込んだとき、うつむくままでいるよりも、上を向いて闇夜に輝く一点の光に望みを託したい。

臨機応変の妙用は無念無想の底より来る

――山岡鉄舟
（幕末～明治の政治家）

山岡鉄舟《てっしゅう》は幕末から明治にかけての政治家で、剣術の達人であり、禅にも通じていた。妙用は不思議な力、無念無想は無心の意味である。人はここぞというときには欲を出したり小細工を弄《ろう》しないほうが、斬新なひらめきを得ることができる。この言葉を残した山岡は、無念無想の境地で臨み、勝海舟と西郷隆盛の会談を実現させている。

最中にも思考の余地がある

――ゲーテ（ドイツの詩人・劇作家）

忙しくて両手がふさがっていたとしても、頭の中では絶え間なく思考をめぐらせることができる。そうして熟考したアイデアは、次のアクションにつなげることもできる。忙しいからといってさまざまなことを諦めるのではなく、チャンスがあれば行動に移せるように、常に頭の中で準備しておきたい。

いまは「ないもの」について考えるときではない。「いまあるもの」で、何ができるか考えるときである

――アーネスト・ヘミングウェイ（アメリカの小説家・詩人）

もしあれがあれば、うまくいくのに（あれがないから、うまくいかない）と自分が置かれた状況を嘆いていても、言い訳になるだけで、何の解決にもならない。それより今あるものに目を向け、今の自分に何ができるか考えてみるといい。持っているものを工夫し、自分にもともと備わった才能を最大限に生かすことが新たな可能性の扉を開くのだ。

発見とは人と同じものを見ながら、人の気づかないものを見つけることである

――セント・ジェルジ（生理学者）

思いもよらぬ偶然から大発見をする能力のことを「セレンディピティ」という。たとえば、りんごが木から落ちるのを見て万有引力を発見したニュートンの話は有名だが、これはニュートンが常にいろいろなことにアンテナを張っていたからできたことだ。他人とは違う視点で物事を意識し続けることがセレンディピティを高め、大発見へとつながるのである。

思考は行動の種子である

――ラルフ・ワルド・エマーソン
『社会と孤独』（思想家・哲学者）

成功哲学の源流と称されるエマーソンの言葉は、その多くが自分自身を信頼することの大切さを説いている。この名言も、思考が「種」で行動を「花」でたとえたうえで思考が人生を左右するというメッセージである。第44代アメリカ合衆国大統領バラク・オバマも座右の書として掲げるエマーソンの著書は、世界中の成功者に愛読されている。

11　戦略をたてる

改革は、変化をチャンスに変える唯一の方法である

――ピーター・F・ドラッカー（経営学者）

本は最初から読み始めるが、ビジネスは逆だ。最後から始めて、そこに達するためにしなければならないことをする

――ハロルド・シドニー・ジェニーン（元ＩＴＴ社長兼最高経営責任者）

アメリカの伝説的な事業家の有名な言葉である。成功者は日々、積み重ねるのではなく、ゴールを想定してから逆算してその日の課題をこなしていく。もしも、仕事で達成感を得られずに悩んでいるなら、このやり方を実践してみるといい。日々のモチベーションが確実に上がるはずだ。

僕は冒険を好むのは事実だけど、冒険をやる前の学習が一番魅力的なんだ

――リチャード・ブランソン（ヴァージングループ会長）

「木を切り倒すのに6時間もらえるなら、最初の4時間は斧《おの》を研ぐ」。これはアメリカの第16代大統領リンカーンが演説の中で話したという彼の考え方だが、イギリスでレコードレーベルを立ち上げたリチャード・ブランソンの言葉に通じるものがある。何事も事前の準備や学習は欠かせない。そして、その段階を楽しむことができれば、人生はもっと豊かになる。

戦略の本質とは、何をやらないかという選択である

――マイケル・E・ポーター『競争戦略論Ⅰ』（経営学者）

「何をやれるか」をアピールしたり、それをモチベーションにつなげようとする人は多いが、その考え方は物事が中途半端に終わる元凶でもある。戦略的に事を成し遂げるなら、まずは「何をやらないか」を判断すべきだ。それによって進むべき道が自ずと見えるようになる。

市場の動向や消費者の好みに合わせた商品を送り出すのは敗者のやり方だ

――パトリツィオ・ベルテッリ（プラダ3代目オーナー）

商品の開発担当者は、たくさん売れてほしいと考える。どうすれば買ってもらえるか、消費者の好みを徹底的に分析し、ついに多くの人に好かれそうな商品が完成する――。「しかし……」と、このトップブランドのオーナーは言う。それは敗者のやり方だと。作り手である自分がその商品を面白いと思えるか、魅力的だと思えるか。その商品に作り手の魂が入っていなければ、遅かれ早かれ消費者にも気づかれてしまうものなのだ。

自分たちの製品を
知らずに、どうやって
客にすすめるんだ

――スティーブ・ジョブズ
（アップル・コンピュータ元CEO）

営業職を生業にしている人なら、ストレートに心に突き刺さる言葉だろう。売り込むモノは何も製品だけではない。たとえばそれが、自分自身の場合もある。「人を知る者は智、自らを知る者は明なり」と言ったのは老子だが、得てして自分のことはわからないもの。自己分析ができていなければ、自分を売り込むことなどできないのである。

謀多きは勝ち、少なきは負く

――毛利元就（戦国時代の武将）

頭脳戦を得意とした毛利元就の言葉だが、これによく似た言葉が中国の武将・孫武《そんぶ》の「算多きは勝ち、算少なきは勝たず」である。算は「計算」あるいは「勝算」のことで、元就がいうところの「謀」と意味合いは同じだ。つまるところ算も謀も「準備」という言葉に置き換えられる。その準備ができている者が、結局は勝者になるのだ。

すでに成功が証明付きのものを使えば、第一歩から他者に先んじることができる

——レイ・クロック（マクドナルド創業者）

クロックはマクドナルド兄弟と契約してハンバーガー店のフランチャイズ化に成功し、その後すべての権利を買い取った人物である。彼はすでに兄弟が確立していたシステムはそのまま踏襲し、品質やサービスの向上に努めた。既存のものを使うのは模倣に見えるかもしれないが、そこに創意工夫を加えられれば新たなオリジナリティとなる。アメリカ式の大量生産を採り入れつつも、独自のジャスト・イン・タイム方式をつくり上げたトヨタがそのいい例だろう。

この世でもっとも悲劇的な人は、目が見えていてもヴィジョンがない人である

――ヘレン・ケラー（社会福祉事業家）

1歳の時に高熱で聴力、視力、言葉を失うという三重苦に陥ったヘレンは、家庭教師のアン・サリバンの教育によって天賦の才を開花させ、力強く生きていく。そんな彼女が残した言葉は、漠然と生きる現代人の心に突き刺さる。ヘレンはまた「ベストを尽くしてみると、あなたの人生にも他人の人生にも思いがけない奇跡が起こるかもしれません」と言っている。ヴィジョンを持って行動あるのみだ。

自分のたまごをすべて一つの籠に入れるな

——英米のことわざ

貴重品が1カ所にまとめて置いてある家は、泥棒にとってはありがたいものであるらしい。家中の引き出しや棚を探し回らなくていいからだ。大きな被害を受けないためには、大切なものは分散してリスクを管理すること。昔、たまごが貴重だった時代に、全部割ってしまわないようにと生活の知恵から生まれたことわざだ。現在では投資するときの合言葉にもなっている。

種をまく前に土を耕せ。土を耕す前に雑草を取れ

――隠元（中国からの渡来僧）

蒔かぬ種は生えぬというが、それ以前に雑草だらけの固い地面に種をまいても芽は出ない。思想家ジェームズ・アレンも「いきなり大きな成長を目指すのではなく、最初はまず、自分がもっているものを有効に用いて、着実な前進を心がけることです」と諭す。順番を間違えれば、せっかくの夢も台無しになってしまうのだ。

まず紙の上に、自分の考えを描いてみよ。地図やシナリオは、挑戦への道しるべになる

――小林宏治（ＮＥＣ元会長）

あの松下幸之助でさえ手をつけなかったコンピュータ事業を先取りし、ＮＥＣを世界的なブランドに押し上げた功労者の言葉がこれだ。中世の哲学者であるフランシス・ベーコンも「書くことは人を確かにする」と言っているが、書くことで自分の夢や考えが顕在化するのは間違いない。自分の進むべき道に迷いが生じたら、まずは書いてみるのも手である。

たった今から、収入の一割の貯金をしたまえ。自分で苦労したタネ銭がなくては、芽も出てくるまい

——大谷米太郎（実業家）

ここぞというチャンスで行動を起こすためには、元手となる資金を少しずつ貯めておけということだが、これはお金だけに限った話ではない。苦労した経験や日々の小さな成果の積み重ねも大事な〝タネ銭〟となる。わずか20銭と握り飯だけを持って上京し、大谷重工業からホテル・ニューオータニ、東京卸売センターを成功させた人物の言葉だけに実感がこもっている。

読書もとよりはなはだ必要である、ただ一を読んで十を疑い百を考うる事が必要である

——寺田寅彦（物理学者・随筆家）

社会人は本を読んで学べといわれる。だが、本は読んで納得しておしまいでは何も身につかない。さすがに「一を読んで十を疑い百を考えうる」というのはハードルが高いが、自分の頭でモノを考えるために本を読むのだと考えると、その姿勢も変わってこよう。

昨夜の考案も今朝はこれを冷笑する見識を持たなければならない

――リチャード・フランシス・バートン（イギリスの探検家）

朝令暮改はあまりほめられたことではないが、しかし、昨日立てた計画が翌朝には変わっていたということはよくある。「ある日の真実が、永遠の真実ではない」（キューバの革命家チェ・ゲバラ）のは歴史を見ても明らかだ。

ビジネスはもちろん、他のどんなものでも、セオリーなんかで経営できるものではない

――ハロルド・シドニー・ジェニーン（ＩＴＴ元社長兼最高経営責任者）

ジェニーンはＩＴＴを世界最大の複合企業へと押し上げた伝説的な経営者である。強引、非情などと批判もされたが、その経営手腕は比類なきものだった。マニュアルや前例に則って行動すれば大きな失敗はないかもしれないが、飛躍することもできない。元ペプシグループの会長ケンドールも「成功する秘訣に、一定の方式などない」と語っている。自分の頭で考えて、その時々に合ったベストを尽くすことが肝心だ。

いったん負けることによって、勝つための新たな戦術が見えてくることがある

――ドナルド・トランプ（アメリカの不動産王）

１９４６年生まれのアメリカの不動産王ドナルド・トランプは、幾度もの挫折を経験した人物だ。資金不足や投資の失敗、離婚、愛人騒動など、世間をにぎわせたことは枚挙にいとまがない。しかし、この言葉が示す通り、挫折から何度も勝利を手にした成功者でもあった。失敗を受け入れ、そこから何を つかみ取るかが大事なのだ。

彼を知りおのれを知らば
百戦あやうからず

——『孫子』

『孫子』は中国の春秋時代に書かれた兵法書だが、そこに記されている数々の戦略論は現代にも通じるものばかりだ。この言葉が発する意味は、敵を知るのと同じくらい自分のことも知っておけば何度戦っても勝てるということ。どれだけ細かく相手を分析したところで、己の力量を知らずにいれば、勝てるものも勝てないのだ。

戦の勝利は最後の五分間にある

——ナポレオン・ボナパルト
（フランスの皇帝）

皇帝ナポレオンが発したこの言葉は、戦の終盤をいかに戦い抜くかが勝敗を分けると解釈できる。勝負師は最後の5分間にこそ真の戦いがあることを知っているのだ。何事も最後まで諦めるなという教えである。

最初の一撃で戦は半ば終わる

――オリヴァー・ゴールドスミス『負けるが勝ち』（詩人・劇作家）

先述のとおりナポレオンは「戦の勝利は最後の五分間にある」と言ったが、最初の一撃でどれだけダメージを与えられるかでも戦いの行方は変わってくる。とりわけここぞというときは、最初の〝一手〟に全力を尽くそう。

12 仕事に向き合う

10セント分の褒め言葉をかけずに、1ドル分の非難をするな

——L・P・ハント（アメリカ海軍大佐）

顧客に求められたら決してノーと言ってはいけない。相手が月をほしがったとしてもだ

——セザール・リッツ（リッツ創業者）

世界に名だたるホテルチェーンであるザ・リッツ・カールトンでは、従業員全員がクレド（信条）カードを携帯していることで知られている。そこにはもてなしの心と質の高いサービスを提供することの誓いともいえる内容が書かれている。客に媚《こ》びるのではなく、客が納得するサービスをするのが客商売のプライドだということだ。

何事も小さな仕事に分けてしまえば、特に難しいことなどない

――レイ・クロック（マクドナルド創業者）

課題が大きすぎて、どこから手をつけていいかわからない――。こんな状態になったとき、ただ茫然《ぼうぜん》としていても意味はない。大きすぎるなら小さくして細分化する。それがもっともシンプルで確実な攻略法だ。

多くの仕事を処理する一番の近道は、一度に一つしか仕事をしないことだ

——リチャード・セシル（聖職者）

現代のビジネス社会では、複数の情報を同時に処理する「マルチタスク」が習慣化している。だが、この聖職者の言葉は、それを真っ向から否定するものだ。たしかに現代にあっては複数の案件を抱えるのはもはや避けようもないが、ここぞという場面では割り切って、ひとつずつ着実にこなすほうがじつは賢明だということもあるのだ。

お金というのは丁度人間の第六感みたいなもので、もしも、この第六感とも言うべきお金がないと、我々は他の五感を完全に活用するということができなくなってしまうのである

——サマセット・モーム(イギリスの小説家・劇作家)

お金の有用性を説いたひと言。モームはまた「金だけが人生ではないが、金のない人生も、また人生とは言えない。十分な金がなければ人生の可能性の半分は締め出されてしまう」とも語っている。ガツガツと稼げといっているわけではないが、お金があれば新しいチャンスに挑戦することも可能になってくる。お金は財布と人生にゆとりをもたらす存在なのである。

大きな原則は簡単に変えてはならない

――スコット・マクネリー
（サン・マイクロシステムズ会長）

変化をしたり挑戦することも大切だが、それにばかり気を取られていると肝心な基本がおろそかになる。目標を見失って混乱しているときに思い出したい言葉だ。

悪い知らせは、早く知らされなければならない

――ビル・ゲイツ（マイクロソフト創業者）

自分に都合の悪いことやミスは、つい報告を後回しにしたくなるものだ。だが、知らせるのをためらっていたら、取り返しのつかない事態に発展しかねない。ビジネスにおいては報告・連絡・相談のいわゆる〝ホウレンソウ〟が基本である。トラブルを最小限に食い止めるためにも、悪い知らせほど一刻も早く伝えるべきなのだ。

役立つ人間だと人に
思われたいか。
では、それを口に出すな

――ブレーズ・パスカル『パンセ』
（哲学者・数学者）

ビジネス書には、どうやったら有効な自己アピールができるかさまざまなテクニックが載っている。しかし、表面だけをとりつくろっても、そんなものはすぐに見抜かれてしまう。多弁を弄する人物より、不言実行できる人物のほうが強く印象に残るものだ。有能さを示したいなら、まずは行動で示すべきである。

いちばん忙しい人が、いちばんたくさんの時間をもつ

――アレクサンドル・ビネ（心理学者）

よく時間は誰にでも平等に与えられるなどというが、それを否定しているのがこの心理学者の言葉だ。他の人が1時間かかるところを、ある人は30分でやってしまう。とすれば、その人は他の人より時間をうまく使いこなしていることになる。

アタマは低く、アンテナは高く

――鈴木三郎助（味の素創業者）

日本には昔から「実るほど頭を垂れる稲穂かな」という言葉がある。味の素の創業者である同氏のように、名の知れたトップほどこれを実践している人が多い。一方で、情報の収集力や時代を読むアンテナは高く掲げておかなければならない。トップだけでなくすべてのビジネスパーソンにあてはまる名言だ。

これで十分、という考えはあらゆる進歩の敵だ

――ジョン・ヘンリー・パターソン（NCR創業者）

多くの一流アスリートが口をそろえて言うのが「満足したらそこで終わり」ということだ。レジスターやATMを扱ってグローバルな企業を生み出した創業者が放ったこの言葉も、これと同じ意味を持つ。変化なくして成長なし。自分で線を引いたら、歩みはそこで止まるのである。

一つ上の仕事をやれ。社員は主任、主任は課長の、課長は部長の、部長は役員の、それで初めて大きな仕事ができる

――奥村綱雄（野村證券元会長）

奥村綱雄は野村證券中興の祖と呼ばれた人物である。この言葉が意味するのは、当然のことながら越権行為のことではない。全員が現状より一段階高い目線を持つことの重要性を説いているのだ。そうすることで、個人だけでなく組織としても成長できる。チームの向上には個のレベルアップが不可欠というわけだ。

人間は働きすぎてだめになるより、休みすぎてサビつき、だめになることのほうがずっと多い

――カーネル・サンダース（ケンタッキー・フライドチキン創業者）

カーネル・サンダースがケンタッキー・フライドチキンのフランチャイズビジネスを成功させたのは60歳のとき。15歳で社会に出てから45年間、彼はよく働き、たゆまぬ努力を重ねてきた。その努力がなかったら、あのフライドチキンを世界中の人が味わうことはなかっただろう。

一生懸命に働いているものには、決して歳をとるということはない。私は、自分の葬式の日をもって、人生からの引退の日とする

――トーマス・エジソン（アメリカの発明家）

1931年、84年の生涯を閉じた発明王エジソンは、この言葉通りに晩年まで自らの研究に没頭した。自分の引退は自分で決める。それが最期の日であってもけっしておかしくはないというわけだ。あくなき情熱と好奇心が、現役であり続けることの支えとなったのであろう。

サラリーマンとして成功したければ、まず、サラリーマン根性を捨てることだ

――小林一三（阪急東宝グループ創業者）

与えられた仕事を淡々とこなし、担当外のことには我関せず。自由にモノは言えないが、その代わり責任をとらされることもない。こうしたいわゆるサラリーマン根性ではサラリーマンとして成功できないと説く。サラリーマンである前に、志の高い人間であれと言っているのである。

創業当時、私が「世界的視野に立ってものを考えよう」と言ったら噴き出したやつがいた

――本田宗一郎（本田技研工業創業者）

何かを成し遂げようと思ったら、他人とは異なる視点を持つ必要がある。たとえ最初は大言壮語だと笑われたとしても、その決意表明は周囲だけでなく自分をも鼓舞することになる。むしろ笑わば笑えくらいの気持ちで、自分の考えを貫き通すことが大切だ。

企業にとって重要なのは発明よりも革新なのだ。その革新は実は他愛のない夢を大切にすることから生まれる

――井深大（ソニー創業者）

トランジスタラジオやウォークマンといった新たな価値観を持つ商品を生み出し、一時代を築いたソニー。その創業者がいわんとしていることは、何かを生み出すことよりも、生まれたものを絶えず新しいものに変え続けることのほうが大事だということである。変化を恐れず、むしろチャレンジする。このアグレッシブな精神が成長の糧になるのだ。

明日の超優良企業は、辺境の小さくて面白い会社から

——トム・ピーターズ（経営コンサルタント）

2005年度のグッドデザイン賞において、大賞を受賞した企業を称賛して発せられた言葉。では、これは会社経営だけの話なのかといえば、けっしてそうではない。仕事であれ人間関係であれ、オリジナリティやアイデアしだいで自らの価値を高めることはできる。下剋上というほど野心的になれとはいわないまでも、今くすぶっているからといって未来を悲観する必要はまったくないのだ。

会社で働くなら知恵を出せ。知恵のないものは汗を出せ。汗も出ないものは静かに去って行け

——土光敏夫（元経団連名誉会長）

石川島播磨重工や東芝の社長として経営を立て直し、国鉄民営化などの行政改革に挑んだ日本のリーダーでありながら、実生活の清貧ぶりから「メザシの土光さん」と呼ばれた土光敏夫の言葉だ。一見、厳しい言葉に思えるが、裏を返せば自分のできることで会社に貢献せよということでもある。

貧者は昨日のために今日働き、富者は明日のために今日働く

――二宮尊徳（農政家・思想家）

薪を背負って本を読む少年の姿が有名な二宮尊徳は、江戸時代末期に農業の発展に努めた人物だ。ここでいう貧者と富者は単に金銭的なことだけではなく、心の貧しさ、豊かさとみることもできる。働くことは楽ではないが、明日につながるものだと思えれば活力も湧いてくる。心豊かに生きたいなら、後ろを振り返るより前を見つめていこう。

ダイヤモンドは粘り強く仕事をした一片の石炭である

――トーマス・エジソン
（アメリカの発明家）

どんな宝石でも、原石のまま磨かれなければ美しい光を放つことはない。人の場合もこれと同じことだ。おごらずに粘り強く努力を続けた人だけに、輝かしい栄光は待っている。

下足番を命じられたら、日本一の下足番になってみろ。そうしたら、誰も君を下足番にしておかぬ

――小林一三（阪急東宝グループ創業者）

小者の出ながら織田信長に仕えたことで運が開け、天下統一を果たした豊臣秀吉もそうだが、小林もまた銀行マン時代に「下足番を命じられた」経験を持つ。華やかで見栄えのいいポジションにこだわってばかりいると、かえって理想の仕事から遠ざかってしまいかねない。むしろ、誰もやりたがらない仕事に懸命に取り組むことで、見えてくるものがある。明治生まれの大実業家が残した箴言だ。

もはや手の施しようのない事態になったら、事態の成り行きに任せるだけだ

――ヘンリー・フォード（フォード・モーター創業者）

自分ではあれこれ努力したつもりでも、事態があらぬ方向へ行ってしまうことはよくあることだ。しかし、そのたびに絶望して嘆いてもしかたがない。大事なのは、後悔せずに「事態の成り行きに任せる」ことができるよう、常にベストを尽くしておくこと。いざ、「手の施しようのない事態」に至ったら、冷静に状況を見極めることだ。

ライバルが10本のバラを贈ったら、君は15本贈るかい？　そう思った時点で君の負けだよ。ライバルが何をしようが関係ない。相手が望むことを見極めるのが肝心なんだ

——スティーブ・ジョブズ（アップル・コンピュータ元CEO）

ライバルの上をいくことで成功は手に入る。ふつうはそう考えるものだが、伝説の企業家ともいえるスティーブ・ジョブズはそれを否定する。女性を口説くなら女性の望むものを、メーカーなら消費者が求めるものを察知する能力が必要だ。意識するのはライバルではないのである。

忙しさにこれで十分ということはない。
アリも忙しいのだ。
問題は、何にそんなに忙しいのかということである

——ヘンリー・D・ソロー（アメリカの作家・思想家）

「忙しい」「時間がない」と嘆いている人は、何に忙殺されているかを見つめ直してみることだ。優先順位の低いことに手をかけていたり、くだらないことにこだわって時間を使っていないだろうか。それは無駄な忙しさである。無駄を省けば、時間に余裕ができる。その時間を本当にやるべきことにまわせば、充実した忙しさが生まれるはずだ。

製品は工場で作られるが、ブランドは記憶の中で創られる

――ウォルター・ランドー
（ランドー・アソシエイツ創業者）

発言主はアメリカのランドー・アソシエイツの創業者である。真のブランドの価値とはロゴマークやラベルにはない。人々の「買ってよかった」とか「また使いたい」という思いがあってこそのブランド価値である。これは人間に置き換えても同じことがいえる。学歴や肩書きそのものではなく、「この人に会えてよかった」「信頼できる」と周囲に思われることが、最終的にはその人の価値を決めるというものだろう。

働くというのは、はたを楽にしてやることだ

――山本有三(小説家)

何のために働くのかとか、どうして働かなければならないのかということをつきつめて考えると、かえって仕事に集中できなくなってしまう。もっとシンプルに、働くとは自分の周りにいる人を楽にしてあげることと考えて精進することで、自分にとっての働く意味が見えてくる。

金曜日に従業員を叱るな。彼の週末を台無しにする

――モーティマー・R・フェインバーグ
（アメリカの経営コンサルタント）

精神的に打撃を受けるような重大な指摘は、金曜日にはするなというのがアメリカの経営コンサルタントの考え方である。もちろん、これはせっかくの週末を暗い気持ちで過ごさないための配慮で、休暇を大事にするアメリカ的な考えだといえるが、日本でも十分にあてはまる指摘だろう。

すべてのものは場所を決めておき、すべての仕事は時間を決めてせよ

——ベンジャミン・フランクリン
（アメリカの政治家）

やることなすこと行き当たりばったりでは、どんなにがんばったところでその努力が報われることはない。まずは思考と周囲をすっきりと整理して、足元を固めることだ。

自分の力量に見合った仕事を求めてはならない。仕事に見合った力量を求めるべきである

——フレデリック・ブルックス（コンピュータ科学者）

今の自分の力に満足し、それに見合ったことをしていればたしかに楽である。だが、それではいっこうに成長しない。たとえ困難でも、失敗する可能性があっても、自分の力より高いレベルのことに挑戦すれば、その経験は必ずや自分の血となり肉となる。やがては難しいと思えていたことも楽にこなせる力量が身につくはずだ。

自分が知っていることを最初に言うな。情報を集めるには、まず質問して、自分がすでに知っていることと一致するかどうか確認せよ

――デイヴィッド・J・リーバーマン（アメリカの心理学者）

仕事ができる人というのは、手の内をさらけ出さず、まずは相手の情報を引き出すことに力を尽くす。そうすることで、相手との関係におけるアドバンテージがとれるからだ。この言葉の主であるリーバーマンはアメリカの心理学者である。まさに「駆け引き上手に勝算アリ」というわけだ。

自分と顧客や業者の間に他人を入れるな

――ジャック・ウェルチ（ゼネラル・エレクトリック元CEO）

人と人とが関わるシチュエーションでは、間に第三者を入れてうまくいく場合と、よけいにややこしくなる場合とがある。ケンカや恋愛のいざこざならともかく、ビジネスではとかく後者のケースに陥ることが多い。伝説的な企業家もそれを案じているのだろう。これを防ぐためには、部外者を必要としない相手との信頼関係を築くことが絶対条件だ。

仕事が楽しみなら、人生は極楽だ。仕事が義務なら、人生は地獄だ

——マクシム・ゴーリキー『どん底』（作家）

ロシアの文豪ゴーリキーの代表作『どん底』の一節である。よく好きなことは趣味にとどめ仕事にしないほうがいいなどというが、やはり楽しんで働くのにこしたことはない。「生涯現役」という言葉が身近になってきた今、仕事への生きがいについて再考してみてはどうだろうか。

顧客の怒りに、怒りで対応するな

――P・M・フォルニ（イタリア文化の専門家）

クレーム処理のノウハウでは、顧客の言い分にはけっして反論しないというのがセオリーだ。むやみに反論すれば、相手はクールダウンするどころかますますヒートアップする。ましてや怒りに怒りで対抗すれば、行く先は修羅場だろう。アメリカの大学で礼節を講義する教授の教えは、ビジネスを円滑に進めるための鉄則だ。怒らず、媚びず、誠実に。怒りの感情をぶつけてくる相手への対応策はこれしかない。

「書類受け」のない仕事に就くな

――ヘンリー・キッシンジャー
（アメリカの政治家・学者）

発言の主はアメリカの政治家キッシンジャーである。いうまでもなく、この言葉は書類受けの重要性を説くものではなく、仕事における「環境」の重要性を表したものだ。「環境が人をつくる」という言葉があるように、どんな場所に身を置くかで人格すらも変わることがある。適切な環境は自らの意志で選ぶべきということだ。

午後2時以降に人と昼食をともにするな。会うなら頭が冴えている午前中にしろ

――ジョセフ・P・ケネディ（第35代アメリカ合衆国大統領ジョン・F・ケネディの父）

人間の脳には活発な時間帯とそうでない時間帯がある。一般に、起床後の午前中は集中力が高まり脳が冴えるといわれる。ケネディ大統領の父親もそれを知ってか、人と会うのは午前中に限ると周囲に話していたようだ。集中力を欠く時間に人と会うと、会話のアドバンテージをとることが難しくなる。とりわけ政治家には命とりだったのかもしれないが、これはビジネスパーソンにもあてはまることだろう。

13 モチベーションをあげる

朝は、前の晩より賢い

――ロシアのことわざ

これは始まりにすぎない

――モーリス・グリーン
（元陸上競技選手・金メダリスト）

この言葉は、モーリスが陸上男子100メートルで金メダルを獲得したシドニー五輪の前年、世界記録を塗り変えたときに発せられたものである。我々の人生にも、卒業、就職、結婚など多くの節目があるが、そこをゴールととらえるか、スタートととらえるかによって次に向けてのモチベーションは大きく変わってくる。

よりシンプルな生活。そこへ戻るのはむしろ前進なのだ

――イヴォン・シュイナード
（パタゴニア創業者）

この言葉には続きがある。「シンプルになることで私たちは尊厳を取り戻し、大地と接し、人と人とのふれあいの大切さを、もういちど学ぶことになるのだから」。アメリカ発のアウトドアメーカー、パタゴニアの創業者の言葉だ。現代人はたくさんのモノや情報、人間関係に振り回されがちだ。日常にふと疲れたときに沁みるひと言だ。

つねに行動の動機のみを重んじて、帰着する結果を思うな。報酬への期待をバネとするひとびとの一人になるな

——ベートーヴェン（作曲家）

幼い頃から才能を発揮していたベートーヴェンは、貧しい生活を支えるために父親から演奏会に出ることを強要されたという。そんな背景がこの言葉につながったのかもしれない。自分は何がしたいのか、内なる声に耳を澄ませてみよう。

階段の最初の1歩を信頼してください。その階段すべてが見えなくてもいいのです。まず最初の段を上がってください

——マーティン・ルーサー・キング・ジュニア（牧師）

何とかなるだろうと後先を考えずに行動してしまう楽観主義者は冒険家に向かないというが、万全の準備を整えないと行動できないのもまた考えものだ。新しいことに挑戦するようなときには、誰しもプレッシャーを感じたり、全体像が見えずに不安になる。しかし、そのうえでとにかく一歩を踏み出さないことには何も始まらない。始めてしまえば、あとは自然に回り出すものなのである。

「寝れば一畳、起きれば半畳、五合とっても三合飯」の明るさと、「今にえろなったるぞ」の意欲が私の力だ

――井上貞次郎（レンゴー創業者）

この言葉の主は貧しい家庭に生まれながら、一代で日本初の段ボールメーカーを築いた人物である。どんな苦境に立たされたときでも明るさと意欲は失ってはならない。不屈の魂を持った先人の教えである。

〈明日は、明日こそは〉と、ひとはそれを慰める。この〈明日〉が彼を墓場に送り込むその日まで

——イワン・ツルゲーネフ『散文詩』（小説家）

今日できなかったときに「明日こそは」と、やるべきことを先延ばしにしていたら、いつの間にか歳をとり、気がつけば残された時間はあとわずかということになる。世界にとっては明日は必ずやってくるが、それが一人ひとりにとっては期限付きであることを忘れないようにしたい。

現在われわれは悪い時期を通過している。事態はよくなるまでに、おそらく現在より悪くなるだろう。しかしわれわれが忍耐し、我慢しさえすれば、やがてよくなることを、わたしはまったく疑わない

——ウィンストン・チャーチル（イギリス元首相）

第二次世界大戦という困難な時代に大英帝国を率いた首相チャーチルは、どんな状況にあっても明るい未来を信じることができた。難局を乗り越えるのに必要なのは、現状を冷静に見据えながら、次にやってくる大きなチャンスの波を待つことだ。

人生で学んだすべては三語にまとめられる。それは「何があっても人生には続きがある」（It goes on）ということだ

――ロバート・フロスト（アメリカの詩人）

大きな挫折を味わったとき、「これで終わりだ……」と絶望することがある。しかし、人間は自分の人生に自分でピリオドを打つことはできないし、また、そうしてはならない。どんなに辛いことがあっても「明日は明日の風が吹く」くらいの気持ちでまた続きを歩けばいいのである。

自分は大した人間ではないと思うな。
そんなことは決して考えるな。
他人からそんなものだと思われてしまう

――アントニー・トロロープ（イギリスの作家）

この教えを語ったアントニー・トロロープは、イギリスを代表する作家である。よく「人間の器」などというが、その大きさは自分はもとより他人にもわかるはずがない。それを自ら「このくらい」と決めてしまえば、そのサイズで固定されてしまう。謙虚になるのはいいが、卑屈になってはいけない。大きくするもしないも自分しだいなのだ。

あなたが倒れたことはどうでもいいのです。私はあなたが立ち直ることに関心があるのです

――エイブラハム・リンカーン（第16代アメリカ合衆国大統領）

何度倒されても立ち上がるボクサーの姿に観衆は感動する。それはいくら打ちのめされても挫《くじ》けない不屈の精神力に心を動かされるからである。倒れたままならそこで試合はおしまいだが、立ち上がって挑戦する限り、勝利をつかむ可能性は残されている。倒れても、また立ち上がればいいのだ。

扉が閉じたらもうひとつの扉が開く。だが、閉じられた扉を悔しそうにじっと見つめていては、別の扉が開いたことに気づかない

――グラハム・ベル（科学者・発明家）

物事がうまくいかないときは視野が狭くなりがちだ。電話機の発明で知られるグラハム・ベルの言葉は、そうした人々への忠告ともいえる。上を向かなければ太陽の場所はわからないのと同じで、視野を広げなければチャンスには気づかない。うかうかしていると、また扉は閉まってしまうのだ。

じっとしていれば、つまずく心配はない。
足を速めれば速めるほど、つまずく可能性は大きくなるが、
どこかにたどり着く可能性も大きくなる

——チャールズ・ケタリング（科学者・発明家）

何も行動しなければ、確かに安穏《あんのん》な人生を送れるかもしれない。しかし、向上は望めないし、達成感や充実感とも縁遠い、味気ない人生になるに違いない。一方で、行動を起こせば傷ついたり失敗したりするリスクも増えるが、それを乗り越えて何かを勝ち得たときの収穫は実り多きものになる。

「もうダメだ!」と思ったときが、「頭一つ抜け出す」とき。気を抜くな

――ロッド・レーバー（元テニスプレーヤー）

自分の限界に線を引いているのは誰なのか。それは自分自身である。もうひとがんばりして限界を突破すれば、「頭一つ抜け出す」ことができる。オーストラリアの元テニス選手、ロッド・レーバーの言葉である。

もう終わりだと思うのも、さあ始まりだと思うのも、どちらも自分だ

――フェデリコ・フェリーニ（映画監督）

アカデミー賞を受賞した作品『道』で有名なイタリアの映画監督の言葉である。よく「すべての終わりは始まり」だというが、考え方ひとつで未来が変わるのであれば、ポジティイブな姿勢でいたほうがいい。すべてはその人の捉え方しだいなのである。

軽い荷物にしてほしいと願ってはいけない。強い背中にしてほしいと願わなくてはならない

——フランクリン・ルーズベルト（第32代アメリカ合衆国大統領）

困難に遭ったときは、そこから逃れる道を考えるのではなく、どうしたらその困難に耐えて乗り越えていけるかを考えよう。誰でも辛いことは避けて通りたい。だが、もしその困難に打ち勝つことができれば、次の困難にも耐えられる強さが身につくはずだ。

私たちの問題は人間が生み出したもの。従って、人間により解決できるのです。人間社会の中で起こる問題の中で、人間を越えているものはありません

――ジョン・F・ケネディ（第35代アメリカ合衆国大統領）

これはある大学の卒業式の演説で、ケネディ大統領が学生たちに向けて語ったものである。当時アメリカが抱えていたソ連との冷戦に言及したものであり、ケネディはそれを武力ではなく人間の対話や努力で解決できると説いたのだ。どんな状況にあっても前向きに取り組むことを説いたポジティブなメッセージと受け取りたい。

一度に二つ以上の悩みごとを抱え込むな。3種類も悩みを抱えこむやつがいる。昔の悩みごと、今ある悩みごと、これから起こりうる悩みごとだ

――エドワード・エヴェレット・ヘール（アメリカの政治家）

ここに書かれたもので抱え込んでいいのは「今ある悩みごと」だけではないだろうか。過ぎてしまった過去、まだ来ていない未来を考えたところで時間の無駄である。過去の悩みは教訓に、そして未来に起こり得る悩みを防ぐために今、努力すべきなのだ。

14　人生を楽しむ

今日という一日は、明日という日二日分の値打ちを持っている

――ベンジャミン・フランクリン（アメリカの政治家）

私は生きていることが好きだ。時々、悲しみに苛まれ、とても絶望的な気持ちになるが、その中でも生きることは素晴らしいと知っている

――アガサ・クリスティ（推理作家）

まさに人生を集約したようなひと言。ローマの哲学者・セネカもこう言っている。「人生は物語のようなものだ。重要なのはどんなに長いかということではなく、どんなによいかということだ」。苦しいときもあるかもしれないが、それは物語のほんの一部にすぎない。ページをめくれば希望の光はきっと見えてくる。

死と同じように避けられないものがある。それは生きることだ

――チャールズ・チャップリン映画『ライムライト』より（俳優・監督）

映画『ライムライト』の中で、チャップリン演じる道化師が悲しみに打ちひしがれるバレリーナを励ましたときの台詞である。当時、激しいレッドパージにより、チャップリンはアメリカから追放されそうな逆境にあった。この言葉は自分自身に向けられたものでもあったのだろう。辛く苦しいことがあっても、生きていれば必ず希望は見出せると伝えたかったに違いない。

わたしたちは踏みなれた生活から放り出されると、もうダメだ、と思います。が、実際はそこに、ようやく新しい良いものが始まるのです。生命のある間は幸福があります

――レフ・トルストイ（ロシアの小説家）

大人になると、刺激的とはいえない同じ日を繰り返す毎日になる。そんな日々を、安定しているけれど少し退屈だと思うときもあるだろう。だが、そうした毎日がある日突然失われてしまったらどうするだろうか。今まであって当然だと思っていたものが失われると人は絶望する。しかし、そのなかで自分は今どうすべきか真剣に考えるようになる。考えて考え抜いた先に、新しい人生が始まるのだ。

最初から旅先のことがなにもかもわかっていたら、誰も決して出発しないであろう

——フェデリコ・フェリーニ（映画監督）

いかにも映画監督らしい名言だ。この先に起こることがすべてわかっていたら、人生はひどくつまらないものになるだろう。ビジネスでも人生でも先が見えないことに苦しむことがあったら、この言葉を思い出すといい。心がふっと軽くなるはずである。

人生は往復切符を発行していません。ひとたび出立したら、再び帰ってきません

――ロマン・ロラン『魅せられたる魂』（作家）

人生は誰もみな同じように片道切符なのだと諭すのは、フランスの作家ロマン・ロランである。後戻りはできないのだから、過去を後悔しない。一期一会の出会いを大切にして、一度しかない人生を謳歌しよう。

登山の目標は、山頂と決まっている。しかし、人生の面白さ、生命の息吹の楽しさはその山頂にはなく、かえって逆境の、山の中腹にある

——吉川英治（小説家）

自分の天職や運命の相手にすぐ巡り合う人もいれば、何度も回り道をしてようやくたどり着く人もいる。どんなに努力してもいまだにその実感が持てないという人もいるだろう。大事なのは、回り道が損をしているわけではないということだ。『宮本武蔵』の著書で知られる吉川英治の言葉を借りれば、人生の醍醐味はその回り道にこそあるということだ。そこで感じることは視野を広げ、人生を豊かにしてくれる。

人間生きることが全部である。死ねばなくなる

――坂口安吾『不良少年とキリスト』（小説家）

このエッセーで坂口安吾は太宰治の自殺を痛烈に批判している。盟友の思いがけない死に対する苛立ちが書かせたのがこの言葉だが、その先の文章では「生きて戦い抜かなければならぬ」と続けている。生きることが嫌になることは誰にでも一度や二度はある。だが、安吾の言葉を借りれば「いつでも、死ねる。そんなつまらんことをやるな」ということなのだ。

年年歳歳
花相似たり
歳歳年年
人同じからず

――劉 希夷（唐代の詩人）

□■――■□

花は毎年決まった時期に咲くのに、人の境遇は年々変わってしまう。自然の営みに比べて、人の世は移ろいやすく、人生は儚《はかな》いものなのだということを、この美しい言葉は改めて教えてくれる。

人生において、もっとも堪えがたいことは、世の経験を積んだ多くのひとびとの言によると、悪天候がつづくことではなく、雲一つない日がつづくことなのである

——カール・ヒルティ『幸福論』（法学者・哲学者）

「若いときの苦労は買ってでもしろ」というのは、日本独特の言い回しだが、哲学者のヒルティによれば、やはり人生において苦しみを知ることは重要なことのようだ。苦労を知らないで生涯を終えるのはうらやましいような気もするが、それでは真の幸福は手に入らない。悪天候の翌日の空がもっともきれいなことを知らないのは不幸だということだ。

予想していることはまずおこらない。おこるのは、たいてい予想していなかったことだ

――ベンジャミン・ディズレーリ（イギリス元首相・小説家）

発言主であるこの19世紀の政治家が予期しなかったこととは何か。それは、何といっても自身がユダヤ人で唯一のイギリス首相となったことだろう。だが、悪い意味で「予想していなかったこと」が起きることだってある。だからせめて、予想外の事態を冷静に受け止め、前進できる自分でありたい。

人生は道路のようなものだ。一番の近道は、ふつう一番悪い道だ

――フランシス・ベーコン
（イギリスの哲学者・政治家）

目の前に道が何本かあると、つい近道を選んでしまいたくなるが、近道には危険がつきものである。遠回りで手間がかかるように見える道でも、目的地へは着実に近づいていけることを忘れてはいけない。人生には近道などない。焦らずに一歩ずつ進んだほうが、結局は得をすることになる。

ひとが旅をするのは到着するためではなく旅をするためである

――ゲーテ『格言と反省』（詩人・劇作家）

「旅」をどうとらえるかは人によってさまざまだが、詩人・ゲーテが言うには少なくとも旅は目的地に到着することではないということだ。よく旅を人生にたとえる人もいるが、仮にそうであれば、生きるのもまたゴールを目指すことが目的なのではなく、生きている過程に意味があるといえるのだろう。

未来はいくつか名前を持っている。弱者にとっては「不可能」。臆病者にとっては「未知」。考え深く勇気のあるものにとっては「理想」

――ヴィクトル・ユーゴー（小説家・詩人・政治家）

いかにも詩人らしいこの言葉は、『レ・ミゼラブル』で知られるヴィクトル・ユーゴーのものである。これを読んで自分を弱者や臆病者に分類する人もいるかもしれない。だが、もしもそうなら、この言葉を逆の視点でとらえて自分を励まそう。常に理想を掲げ、行動する勇気を持つ。その先には望む未来が待っている。

人生の目的は生きることであり、生きることは感じることだ。喜びに満ち、酔いしれ、安らぎ、厳かに、感じることだ

——ヘンリー・ミラー（アメリカの小説家）

「人生の目的とは？」と聞かれて、迷いなくはっきりと答えられる人はどのくらいいるだろう。アメリカの小説家ヘンリー・ミラーは、それを「生きること」だとシンプルに考える。アメリカの19世紀の詩人ウォルター・ホイットマンも「これから私は幸福を求めない。……私自身が幸福だ」という言葉を残している。人生の喜びや安らぎは自分自身の中にあるということだ。

人は生涯の最初の40年間で、本文を著述し、続く30年でこれに対する注釈を加えていく

——ショーペンハウアー『パレルガとパラリポーメナ』（哲学者）

40といえば孔子の「四十にして惑わず」という論語の一節が思い浮かぶ。ドイツの哲学者・ショーペンハウアーが切った〝本文〟の期限は、いわば不惑の年齢ということだ。そこまでに自分というものをひとまず構築するというイメージは、東西共通なのかもしれない。

人生は一箱のマッチ箱に似ている。重大に扱うのはばかばかしい。重大に扱わねば危険である

――芥川龍之介『侏儒の言葉』(小説家)

日本を代表する文豪らしい言い回しは、つまるところ「たかが人生、されど人生」ということだろう。人生は「ばかばかしい」ものでありながら同時に「危険」なもの――。だからこそ「おもしろい」ともいえるのである。

主な参考文献

『世界の故事名言ことわざ総解説』（江川卓他64名／自由国民社）、『仕事力を磨く言葉』（吉田寿／日本経団連出版）、『東西名言辞典』（有原末吉編／東京堂出版）、『生きた言葉なるほど事典』（秋庭道博／実業之日本社）、『解説　世界の名言名文句事典』（故事ことわざ研究会編／アロー出版社）、『ドイツ名句事典』（池内紀、恒川隆男、檜山哲彦／大修館書店）、『賢人たちに学ぶ　道をひらく言葉』（本田季伸／かんき出版）、『ザ・ゴルフ　ゴルフ名言集』（久保田滋／出版芸術社）、『「トップアスリート」名語録』（桑原晃弥／PHP研究所）、『英語で読む世界の名言』（デイビッド・セイン／アスコム）、『勇気の言葉―幸福と成功を引き寄せる100の叡智―』（浅川智仁／文芸社）、『音楽の名言名句事典』（朝川博、水島昭男／東京堂出版）、『シェイクスピア名言集』（斎藤祐蔵編・訳／大修館書店）、『ものすごい言葉』（多根清史／ソフトバンククリエイティブ）、『いい人生をつくる世界のことば』（植西聰／静山社）、『君を成長させる言葉』（酒井穣／日本実業出版社）、『たった1つの言葉が人生を大きく変える』（Dr．マーディ・グロース／渡部昇一訳／日本文芸社）、『人を動かす魔法の言葉』（斉藤靖雄／ソフトバンククリエイティブ）、『君の10年後を変える言葉』（齊藤孝／フォレスト出版）、『音楽家の名言　あなたの演奏を変える127のメッセージ』（檜山乃武／ヤマハミュージックメディア）、『いい言葉は、いい人生をつくる』（斎藤茂太／成美堂出版）、『座右の銘が見つかる本』（今泉正顕／三笠書房）、『賢人たちに学ぶ 自分を磨く言葉』（本田季伸／かんき出版）、『Happy 名語録』（ひすいこたろう＋よっちゃん／三笠書房）、『人の心を動かす「名言」』（石原慎太郎監修／KKロングセラーズ）、『経営者100の言葉』（山口智司／彩図社）、『音楽家の名言2』（檜山乃武／ヤマハミュージックメディア）、『魂を熱くさせる宇宙飛行士100の言葉』（高井次郎／彩図社）、『名文句・殺し文句』（伊福部隆彦／潮文社）、『人生を創る言葉　古今東西の偉人たちが残した94の名言』（渡部昇一／致知出版社）、『心のルネッサンス！名僧、101の名言』（植西聰／成美堂出版）、『経済人の名言　上』（堺屋太一監修、日本経済新聞社編／日本経済新聞出版社）、『スポーツことわざ小辞典』（野々宮徹編著／遊戯社）、『〈つまずき〉の事典』（中村邦生編著／大修館書店）、『英語名句事典』（外山滋比古他編／大修館書店）、日本経済新聞、朝日新聞、ほか

＊書名をあげた参考文献以外にも、多くの資料・文献等を参考にさせていただきました。

編者紹介

話題の達人倶楽部
カジュアルな話題から高尚なジャンルまで、あらゆる分野の情報を網羅し、常に話題の中心を追いかける柔軟思考型プロ集団。彼らの提供する話題のクオリティの高さは、業界内外で注目のマトである。
本書には、迷いが消える言葉、自信をつくる言葉、運を引き寄せる言葉……など、あなたの明日を変える力強い名言の数々を収録しています。古今東西の「いい言葉」から導き出された普遍の人生法則とは？　手元に置いて人生の指針としたい、賢者の言葉事典！

明日《あした》が変《か》わる座右《ざゆう》の言葉全書《ことばぜんしょ》

2013年9月10日　第1刷
2013年11月5日　第3刷

編　者　話題《わだい》の達人倶楽部《たつじんくらぶ》

発行者　小澤源太郎

責任編集　株式会社プライム涌光
電話　編集部　03(3203)2850

発行所　株式会社青春出版社

東京都新宿区若松町12番1号〒162-0056
振替番号　00190-7-98602
電話　営業部　03(3207)1916

印刷・大日本印刷　製本・ナショナル製本

万一、落丁、乱丁がありました節は、お取りかえします

ISBN978-4-413-11101-0 C0095